Feste und Bräuche

Traditionen, Hintergründe
und Ursprünge

Oktoberfest
Oktoberfest
Oktoberfest

Feste und Bräuche

Traditionen, Hintergründe und Ursprünge

NEUER KAISER VERLAG

Inhalt

Feste und Bräuche

Pferdewallfahrt in Bayern

Einführung

Brauchen wir Bräuche?

Jede Region hat ihre Bräuche. Im Jahreslauf folgt ein Fest dem anderen. Mit Familie, Gemeinde, Freunden oder in der Natur. Die großen Feiertage wie Ostern oder Weihnachten sind überall bekannt und werden in jeder Familie auf eine besondere Art begangen. Die vielen kleinen Bräuche wechseln von einer zur anderen Region, mancherorts von Dorf zu Dorf. Ganze Gemeinden nehmen daran teil. Andere finden nur im kleinen Kreis und der engsten Verwandtschaft statt. Bräuche scheinen den Ablauf des Lebens zu bestimmen. Sie unterbrechen den Alltag mit festgelegten Ritualen.

Was aber sind eigentlich Bräuche? Der Definition nach sind sie überlieferte gesellschaftliche Verhaltensformen, deren Ursprung und Sinn nicht mehr eindeutig nachvollziehbar ist. Die Gesamtheit aller dieser Rituale, etwa bei Geburt, Hochzeit, Tod oder bei den Festen im Jahreslauf, bildet das Brauchtum.

Rituale geben das Gefühl, mit etwas oder jemandem verbunden zu sein – sei dies mit einer Region oder mit der Familie. Wie und wo diese Rituale aber stattfinden, hängt vom Kulturkreis ab. Wir werden in eine Gesellschaft hineingeboren, die Sitten, Religionen und wirtschaftliche Verhältnisse prägten. Dabei entwickelten sich Formen und Riten, die etwas bewirken sollten: das Zusammengehörigkeitsgefühl der sozialen Gruppe stärken, Menschen in eine neue Lebensphase geleiten, ebenso das Volk im Zaum halten oder Antworten auf den Sinn des Daseins geben.

Wann entstanden die Bräuche?

In Deutschland sind noch vereinzelt die heidnischen Überlieferungen aus germanischer Zeit spürbar. Früher blühte hier ein reicher Volksglaube, der unerklärbare Kräfte aus der Natur zu deuten versuchte. Aus altgermanischem Heidentum mit griechisch-römischen Göttern, dem Glauben an mythische Wesen und böse Geister entstanden zahlreiche Handlungen, die uns noch heute bei Ritualen begegnen, ihrem Ursprung nach aber nicht unbedingt mehr deutbar sind. Der größte Einfluss auf die abendländische Kultur kam jedoch vom Christentum, auf dem die meisten Feste in unserem Jahreslauf seit Jahrhunderten beruhen.

Bereits in den Anfängen versuchte die Kirche heidnische Feste abzulösen, zu verdrängen oder umzudeuten. Große neue Festtage wurden anstelle eines bereits vorhandenen eingesetzt, anschließende Festkreise danach berechnet. Die Kirche ersetzte die heidnischen Feierlichkeiten durch christliche Buß- und Feiertage. Die Abfolge der christlichen Zeremonien prägte nun den Jahreskreis. Anfang und Ende des Jahres sollten neu berechnet werden. Ostern, das höchste Fest, stand als Jahresbeginn

zur Diskussion und sorgte für Streit. Die Osterkerze, an der bis heute die Jahreszahl angebracht wird, erinnert noch daran. Schließlich setzte sich unter den Kirchenführern der 1. Adventssonntag als Beginn des Kirchenjahres durch. Das Bauernjahr mit seinem an die Natur angelehnten Ablauf folgte dagegen ganz anderen Regeln. Doch mit der Zeit machte es diese am Heiligenkalender fest. Den Anfang des Kalenderjahres legte bereits Julius Cäsar auf den 1. Januar fest, ebenso die Anzahl der Monate. Trotzdem regelten die Hochfeste des Christentums den Ablauf des Jahres. Die großen Festkreise bestimmten Leben und Handeln der Menschen sowie die Abfolge von Fasten, Buße

Ländliches Fest in Schwaben. Nach dem Ölgemälde von E. Kurzbauer, Stich aus dem 19. Jahrhundert.

und Feiern. Neben den liturgischen Veranstaltungen entwickelte sich ein reichhaltiges Brauchtum. Einerseits wurden damit christliche und liturgische Inhalte vermittelt und bildlich veranschaulicht, andererseits fußt es auf volkstümlichem Aberglauben und Ritualen zur Besänftigung von Geistern und Dämonen. Diese beruhten auf Erfahrungen, Ängsten, Hoffnungen und Belehrungen, den Hauptteil nahm aber vor allem die soziale und die religiöse Erziehung ein.

Heute blicken wir auf ein vielgestaltiges und im Lauf der Zeit gewachsenes Brauchtum. Lebhafte und besinnliche

Festtage wechseln sich ab. Unsere Vorfahren wussten, wie wichtig die Höhepunkte im Leben sind, um den Alltag zu bewältigen und das Einerlei der Tage und Wochen zu unterbrechen.

Der Ursprung vieler dieser Bräuche und Feste ist den meisten Menschen heute unbekannt. Doch leere Rituale sind auch gefährliche Rituale. Sie bringen uns zu Handlungen, die wir vielleicht nicht mehr vertreten würden, wenn wir wüssten, was es damit auf sich hat: Warum tragen Bräute einen Schleier, werden Kerzen geweiht, wird um den Maibaum getanzt oder werden Ostereier gesucht? Manches zu hinterfragen lohnt sich. Denn nicht alles, was alt ist, muss auch gut sein. Aber angesichts des dadurch gestifteten Gemeinschaftssinns erfreuen

Sebastiansprozession in Landsberg am Lech. Seit dem Dreißigjährigen Krieg ziehen im Januar die Gläubigen der katholischen Pfarreien mit einer Prozession durch die Stadt, um öffentlich für ihren Glauben einzustehen, wie es der Legende nach der heilige Sebastian getan haben soll. Der römische Märtyrer ist seit der Pestzeit Schutzpatron der Stadt Landsberg. Sein Gedächtnistag ist der 20. Januar.

wir uns an der Geschichte, die auch unsere Ahnen betraf und uns mit ihnen vereint, und erkennen wir die gemeinsamen familiären Feiern als eine Insel im Alltag. Dadurch wird deutlich, dass auch an vielem Althergebrachten durchaus Gutes ist.

37 Feste im Jahreslauf und fünf persönliche Feiern im Lebenskreis gilt es, genauer zu untersuchen. Die meisten werden in größeren Regionen oder sogar in ganz Mitteleuropa

gefeiert. Sich mit ihren Ursprüngen zu beschäftigen, macht deutlich, was eigentlich hinter den Ritualen und ihren Bezeichnungen steckt. Vieles bleibt dabei unklar und Gegenstand von Spekulationen. Mögliche Antworten finden sich in allen Glaubensrichtungen und auch die Wissenschaft bemüht sich seit Jahrzehnten um plausible Deutungen. All diesen Möglichkeiten spüren die Erklärungen in diesem Buch nach. Sie können keine verbindliche und sichere Antwort geben. Feste und Bräuche entwickelten sich über lange Zeiträume, ebenso wie ihre wissenschaftlichen oder volkstümlichen Erklärungen – und sie verändern sich ständig, gleichermaßen wie das lebendige und gelebte Brauchtum damals und jetzt.

„Es muss feste Bräuche geben […] Es ist das, was einen Tag vom andren unterscheidet […]", heißt es in Antoine de Saint-Exupérys berühmtestem Buch *Der kleine Prinz*.

Diese Bräuche bewusst und wissend zu begehen ist für das Leben im Jahreskreis eine echte Bereicherung.

Die „Wilden Mändle" in Oberstdorf. Seit der Pestzeit veranstalten die jungen einheimischen Burschen in Oberstdorf alle fünf Jahre den Wilde-Mändle-Tanz. Die artistischen Darbietungen haben vermutlich keltische Wurzeln und stellen den ältesten Kulturtanz der Alpenländer dar. Die „Mändle" tragen Kleidung und Bärte aus Tannenbart, einer Flechte, einen Gürtel aus frischen Fichtenzweigen und auf dem Kopf einen geflochtenen Kranz aus grünem Lorbeer.

Mariä Lichtmess – Kerzen, Licht und Weihe

Mariä Lichtmess, das auf den 2. Februar fällt, wurde bis Mitte des zwanzigsten Jahrhunderts auf dem Lande noch gefeiert.

Das wohl älteste Marienfest der katholischen Kirche vereint mehrere Bräuche. Mit diesem Fest, das den Weihnachtskreis beendet, gedachten die Gläubigen dem Besuch Marias im Tempel. Zur Zeit Jesu musste ein Neugeborenes nach jüdischer Sitte – vor allem der erste Sohn – öffentlich im Tempel gezeigt werden. Auch galt eine Frau bis 40 Tage nach der Niederkunft als unrein und musste sich im Tempel durch eine Opfergabe „reinigen". Werden nun 40 Tage ab Christi Geburt am 25. Dezember gezählt, ergibt sich der 2. Februar. Gemäß der Bibel ging Maria mit ihrem Kind in den Tempel, wo der fromme Simeon und die Prophetin Hanna in Jesus „ein Licht, zu erleuchten die Heiden" (Lukas 2, 32) erkannten.

Wenn es Lichtmess stürmt
und schneit,
ist der Lenz wohl nicht mehr weit;
ist es Lichtmess heiter,
geht der Winter weiter.

Bauernregel

Aus diesen biblischen Schilderungen erwuchs bereits im 4. Jahrhundert ein Fest, das die Reinigung Marias feierte. Einige Jahrhunderte später kamen die Lichterprozessionen dazu, die einerseits vermutlich ihren Ursprung in der Darstellung Jesu als Licht der Welt haben, andererseits aus einem kultischen Lichterfest der römischen Zeit stammen sollen. Die Kirche wandelte den heidnischen Brauch in einen christlichen um, mit der Anordnung, an diesem Tag die Kerzen für das ganze Jahr weihen zu lassen. Daraus ergab sich der Brauch, auf der „Lichtermesse", einem Markt an der Kirche, am Tag „Mariä Reinigung" Wachs und Kerzen als Vorrat zu kaufen und segnen zu lassen. Mit den Kerzen holten sich die gläubigen Menschen Jesus als Licht ins Haus, damit er ihnen den Alltag erleuchte.

An Lichtmess werden die Kerzen in der Kirche geweiht und anschließend als Christi Licht in die Wohnhäuser getragen.

Auch die Kerze selbst verdeutlichte Christus: Wachs als Leib, Docht als Seele und Flamme als Zeichen des Göttlichen. Alle drei zusammen erinnern an die Grundgedanken des Christentums: Glaube, Hoffnung und Liebe. Außerdem findet sich darin die heilige Zahl Drei der Christen wieder, die nämlich die Vier der griechischen und römischen Ära abgelöst hatte.

Das Marienfest entwickelte zahlreiche lokaltypische Bräuche, wie das Lichtmess-Singen in mehreren Strophen, das zum Opfer auffordern sollte. Um das Augenmerk von der Marienverehrung auf Jesus zu lenken, wird der 2. Februar seit der Liturgiereform im Jahre 1969 in der katholischen Kirche offiziell als „Darstellung des Herrn" gefeiert.

Die protestantische Kirche verwehrte sich von Anfang an gegen den Marienkult und somit auch gegen die Feier von Mariä Lichtmess oder das Weihen von Kerzen, da hierüber nichts in der Bibel verzeichnet ist.

Das Jahr beginnt

Mit Mariä Lichtmess endete nicht nur die Weihnachtszeit. Die Knechte und Mägde konnten zu diesem Termin ihre Stelle wechseln, bekamen ihren Lohn ausbezahlt und erhielten einige Tage frei, die sie für Besuche bei der Verwandtschaft nutzen konnten. Die Handwerker legten den Montag nach Lichtmess als den Zeitpunkt fest, an dem sie nicht mehr länger bei Kunstlicht arbeiten mussten.

Aus diesem freudigen Anlass brauchten die Lehrlinge an diesem Montagnachmittag nicht zu arbeiten und genossen ihren „Lichtblaumontag". Für die Bauern begann nun die Feldarbeit von Neuem, die Bestellung des Ackerlandes musste vorbereitet werden. In den katholischen Regionen wurde es Brauch, dem Knecht zum Zeichen der Verlängerung seiner Anstellung beim Bauern eine Kerze zu überreichen.

Valentinstag – Ein Tag für Verliebte

Am 14. Februar feiern die Liebenden und Verliebten den Valentinstag, indem sie sich Blumen und Kartengrüße schicken. Der unermüdliche Einsatz des heiligen Valentin für die Liebespaare soll den Grundstein zu diesem Brauch gelegt haben.

Als Patron und Namensgeber gilt u. a. Valentin von Terni, der erste Bischof im italienischen Terni. Dieser wurde als Märtyrer enthauptet, nachdem er sich u. a. geweigert hatte, dem Kaiser ein Götteropfer zu bringen. Teile seiner Gebeine liegen seit 1734 als Reliquien in der Michaeliskirche im bayerischen Krumbach, ebenfalls in der Wormser Liebfrauenkirche und in Kiedrich im Rheingau.

Das Grab in Terni zieht jedes Jahr zahlreiche Liebespaare an, die des Bischofs gedenken, weswegen sich die Stadt „*Capitale dell'amore*" nennt – Hauptstadt der Liebe. Allerdings vermischt sich diese Figur mit der des Valentin von Rom, der als Priester trotz des Verbots durch Kaiser Claudius II. christliche Trauungen durchführte. Kaiser Claudius II. soll damals seinen Legionären das Heiraten verboten haben, um sie als Soldaten einsetzen zu können. Valentin traute sie heimlich nach christlichem Zeremoniell, weshalb ihn der Kaiser am 14. Februar 269 enthaupten ließ und er seitdem am Tag seines Todes als Märtyrer und Heiliger verehrt wird.

Zu dieser Zeit begingen die Einwohner Roms Mitte Februar, wenn die Paarungszeit der Vögel beginnt, einen Festtag für die Göttin Juno, Beschützerin von Ehe und Familie, mit einem

Stich aus dem 19. Jahrhundert: Das Brauchtum am Valentinstag, Grüße per Post zu verschicken, war bereits damals beliebt.

Blumenopfer. Dazu gehörte ebenso der Brauch, der sich dann auf den Valentinstag übertrug: den Frauen Blumen zu schenken.

Auf den 14. Februar fällt nach julianischem Kalender (der 1582 durch den gregorianischen Kalender abgelöst wurde) aber auch „Marias Reinigung", die auch als Mariä Lichtmess gefeiert wird. 40 Tage nach Epiphanias (6. Januar), dem älteren Datum der Geburt Christi, die die Ostkirche auch heute noch an diesem Tag feiert, ergibt den 14. Februar. An diesem Tag endete der Weihnachtskreis mit Feiern und Liedern, die in ganz früher Zeit Christi Ankunft in der Welt und seine „Hochzeit" mit dem Volk Israel besangen. Mit dem Festlegen der Geburt Christi auf den 25. Dezember ging Mariä Lichtmess auf den 2. Februar

über und der 14. Februar blieb frei für den Tag des heiligen Valentin. Die Idee der „Vermählung" blieb wahrscheinlich erhalten, vor allem in England und Frankreich, wo sich der Tag mit anderen Bräuchen verband und Liebespaare als Valentin und Valentine bezeichnet wurden. Shakespeare fasste im 16. Jahrhundert in seinem Stück *Hamlet* die Liebessehnsucht in Ophelias poetische Worte *„to be your Valentine"*. Aus diesem Verständnis heraus entwickelten sich die *„Valentine greetings"*, die auf Karten dem Liebsten oder der Liebsten zugeschoben wurden, um deren Herzenspartner Valentin oder Valentine zu werden. Im Viktorianischen Zeitalter schickten sich die Liebenden dekorierte Karten, später Kuchen und Gebäck in Herzform.

Im Volksglauben vermischte sich das Brauchtum vollständig. Dabei entstand der Ausspruch: „Ein Mädchen wird denjenigen heiraten, den sie als Ersten an Sankt Valentin sieht!" Heiratswillige Männer brachten ihrer Liebsten am Morgen Blumen.

Liebesgrüße per E-Mail

Das kommerzielle Potenzial des Tages wurde zuerst in den USA erkannt, wo der 14. Februar schließlich zum höchsten Tag der Liebenden erklärt wurde. Eine Hochzeit am Valentinstag gilt noch immer als Glücksgarant. In den Fünfzigerjahren des vergangenen Jahrhunderts kam der im Volksmund gern genannte *Vielliebchentag* auch in Deutschland mit viel Herz in Form von Schokolade und reichlich Blumen in Mode, vor allem, weil die Händler ihn zum „Tag der offenen Herzen" erklärten.

Heute schicken sich Liebende, Freunde, Verwandte und Bekannte (Liebes-)Grüße per Karte oder E-Mail, Blumensträuße, Pralinen sowie Gedichte und überreichen Geschenke.

Fasching – Bevor die lange Fastenzeit beginnt …

Bevor die Fastenzeit 40 Tage vor Ostern beginnt, darf es noch einmal bunt getrieben werden: mit Masken, wilden Feiern, großen Umzügen und kostümierten Bällen. Ab dem 11.11. des Vorjahres bis zum Aschermittwoch dauert die fünfte Jahreszeit: der Fasching, Fastnacht oder Karneval – die Narrenzeit.

Bereits im Mittelalter feierten die Menschen den Beginn der Fastenzeit mit Schmausereien und Tanz. Als Fastnacht wurde zunächst die Nacht vor Aschermittwoch bezeichnet, später die gesamte Zeit der Woche zuvor und auch danach. Die Fastnachtsbräuche sollen heidnischen Ursprung haben und aus germanischen oder keltischen Fruchtbarkeitskulten entstanden sein, was aber bis heute nicht zu beweisen ist. Vermutlich entwickelten sie sich aus der klösterlichen Feier des Fleischentzugs, der mit der Fastenzeit begann. Aus dem Fleischverbot leitete sich auch das Wort „Karneval“ ab, mit dem die Fastnacht in einigen Teilen Deutschlands bezeichnet wird: *carne(le)vale*, was so viel wie „Fleischfortnahme“

Fastnachtsspiele

Ab Anfang des 15. Jahrhunderts verbreiteten sich die Fastnachtsspiele. Diese volkstümlichen Aufführungen stellten ein unheilvolles Ereignis wie den Winter oder eine Krankheit als Person ins Zentrum, denen der Prozess gemacht wurde. Später traten grober Witz gegen Personen, aber auch politische und religiöse Zustände und Institutionen in den Vordergrund, ebenso Anekdoten oder Schwänke. Bis heute blieben etwa 150 Fastnachtsspiele erhalten, die vorwiegend aus Nürnberg stammen.

Lebhafte Umzüge (Stich aus dem 19. Jahrhundert, oben links) und farbige Maskerade (unten rechts) kennzeichnen den Karneval: Die politischen und gesellschaftlichen Zustände werden verspottet.

oder „Fleisch leb wohl" heißt, bürgerte sich als Fest vor Aschermittwoch zuerst in Italien unter *Carnevale* ein. Hier wurden bereits im Jahre 1142 verschiedene Brauchformen aufgezeichnet. Im 15. Jahrhundert erfuhr der Karneval in Florenz eine glanzvolle Entfaltung, später in Rom und Venedig. Im 17. Jahrhundert erreichte er unter dieser Bezeichnung Deutschland. Das Wort Fasching kommt vom mittelhochdeutschen *vassang*, was mit dem Fass und dem Trinken in Zusammenhang steht.

Bis heute wird die Fastnacht mit zahlreichen Ritualen begangen. Tanz, Gelage, Maskentragen, Fastnachtsspiele, Heischebräuche (zum Erbitten von Gaben), scherzhafte Rügespiele und Verspottungen wechseln von Region zu Region. Ab dem 15. Jahrhundert trat dann auch die Verhöhnung kirchlicher Institutionen in den Vordergrund, woraufhin die Kirche das Fastnachtstreiben rügte. Besonders die Reformatoren erwirkten ein Verbot, woraus sich im protestantischen Basel im 19. Jahrhundert die Pfeiferaufzüge am Montag, Dienstag und Mittwoch nach Aschermittwoch entwickelten. Die katholische Kirche band die Fastnacht in den liturgischen Ablauf ein und stellte das vergängliche Reich des Karnevalskönigs (-prinzen) mit der Welt der Laster anschaulich dem überzeitlichen Reich der Herrschaft Gottes gegenüber, wodurch typische Fastnachtsfiguren wie Teufel und Hexen aufkamen.

Helau und Alaaf

Seit Ende des 19. Jahrhunderts entstanden am Rhein und an der Isar Fastnachts-Komitees. Bereits ab

dem 11.11. des Vorjahres, vermutlich aus der Tradition heraus, die vorweihnachtliche Fastenzeit (ähnlich der österlichen) mit einem fröhlichen Gelage vor dem Martinstag einzuläuten, werden die sogenannten Elferräte und das Prinzenpaar gewählt. Jede Region hat bis heute ihren eigenen Fastnachtsruf wie „Helau“ oder „Alaaf“. Ab etwa 1820/30 bildete sich der typische Ablauf heraus mit Kappensitzungen und Büttenreden oder Künstlerfesten sowie einem großen Maskenumzug am Faschingssonntag oder Rosenmontag, wo politische oder religiöse Zusammenhänge bildhaft dargestellt werden. Die Narren waren einst die Kritiker der Gesellschaft. Masken und Verkleidungen standen dabei in Bezug zu politischen, religiösen oder alltäglichen Situationen und dienten als Ventil der Stimmungslage. Heute gelten Narren vorwiegend als Spaßvögel und der Fasching ist vielerorts ein Anlass zu Ausgelassenheit und Unterhaltung. Jede Ortschaft feiert ihre Faschings- und Kostümbälle, wobei das weltliche Vergnügen im Mittelpunkt steht.

Fastenzeit – Zur Buße bereit …

Das Fasten hat in allen Religionen eine lange Tradition. Fasten gilt als Reinigung vor kultischen Handlungen, als persönliches Opfer, als Akt der Demut oder Disziplin. Die asketische Lebensweise soll den Geist zur Kontemplation anregen. Im Islam wird während des Monats Ramadan tagsüber gefastet, im Buddhismus dient das Fasten der Konzentration des Geistes, im Hinduismus, um den Körper zu beherrschen.

Im Christentum wird das Fasten als Mittel zur Einkehr und Sühne, als Verzicht und vor allem als Vorbereitung der Gläubigen auf die hohen Festtage betrachtet. Die längste Fastenzeit beginnt 40 Tage vor Ostern, dem höchsten christlichen Fest, an dem die Auferstehung Christi gefeiert wird.

Schon im 5. Jahrhundert breitete sich unter Christen der Brauch aus, sich in asketischer Weise dem Essen zu enthalten. Daraus entwickelte sich später das Fastengebot während der Bußzeiten innerhalb der lateinischen Kirche. Im Mittelalter soll es bis zu 200 Fasttage gegeben haben. Die ländliche Bevölkerung aß dann gewöhnlich Brot und Suppe. Das Osterfest bedurfte einer besonderen Aufmerksamkeit und Hinwendung. Papst Gregor I. (590–604) führte den Aschermittwoch als Beginn der österlichen Bußzeit ein. Er zählte 40 Tage vor Ostern zurück, ließ aber die Sonntage aus, an denen übliche Speisen erlaubt waren. Doch erst mit dem Konzil von Benvent im Jahre

Während der Passionszeit verhüllt ein Tuch in der liturgischen Farbe der Passionszeit das Gemälde des Hochaltars.

Am Aschermittwoch zeichnet der Pfarrer in der katholischen Kirche das Aschekreuz auf die Stirn des gläubigen Christen als sichtbares Zeichen der Buße.

> ***„Und da er vierzig Tage und vierzig Nächte gefastet hatte, hungerte ihn."***
>
> Matthäus 4, 2
>
> ***„Und er war allda bei dem Herrn vierzig Tage und vierzig Nächte und aß kein Brot und trank kein Wasser.***
> ***Und er schrieb auf die Tafeln die Worte des Bundes, die zehn Worte."***
>
> 2. Mose 34, 28

1091 wurde diese Fastenzeit für alle verbindlich. Vergnügen, Tanz und Hochzeiten waren verboten, zudem gewisse Speisen wie Fleisch, Eier oder Milch. Das Fastengebot erlaubt den Gläubigen der Ost- und römischen Kirche bis heute nur eine volle Mahlzeit am Tag und zwei kleine. Am Aschermittwoch und am Karfreitag gilt außerdem das Abstinenzgebot, das den Enthalt von Fleischspeisen besagt und an den Tod Jesu erinnern soll. Es ist für alle Gläubigen ab 14 Jahren verbindlich, die Fastenzeit für Christen zwischen 18 und 60 Jahren. Die protestantischen Kirchen interpretieren die Fastenzeit als Tage der Einkehr und Kontemplation, lehnen aber das Fastengebot ab, da in der Bibel nichts darauf verweist. Zahlreiche Gruppen nahmen sich aus gesundheitlichen Gründen des Fastens an. Verbreitet ist die Entschlackung durch das sogenannte Heilfasten im Frühjahr, das noch ältere geschichtliche Wurzeln haben soll.

Die Zahl 40 hat in der Bibel eine hohe Symbolkraft. Das Volk Israel wanderte 40 Jahre durch die Wüste, Moses blieb 40 Tage auf dem Berg Sinai, die Sintflut dauerte ebenso lang. Das vierzigtägige Fasten Jesu in der Wüste, bevor er öffentlich auftrat, führte schließlich zum Fastengebot vor Ostern und wurde von der römischen Kirche neu ausgelegt.

Mit dem Aschermittwoch beginnt für die Anhänger der römischen Kirche – in einigen Regionen seit dem 6. Jahrhundert, verbindlich für alle seit Ende des 11. Jahrhunderts – die Fastenzeit. Als Kennzeichen ihrer Buße erhalten die Gläubigen bis heute das Aschekreuz auf die Stirn gezeichnet: Asche steht für das vergangene, das Kreuz für das neue Leben. Damit sollen der Wunsch und die Fähigkeit symbolisiert werden, nach der Fastenzeit zu Ostern neu geboren zu werden. Die Asche stammt von den geweihten Zweigen des Palmsonntags aus dem Vorjahr. Üblich ist es bis heute, am Aschermittwoch Fisch zu essen. Damit bekunden die Gläubigen, dass sie zur Gemeinschaft der

Am ersten Sonntag in der Fastenzeit brennen die Funkenfeuer wie hier in Oberstdorf im Allgäu. Dazu errichten die Burschen des Ortes auf einem Hügel gut sichtbar eine Pyramide aus Holz. Im Innern stecken ein Nadelbaum und Reisig, damit der Turm gut brennt. Je höher er wird, desto fruchtbarer soll das kommende Jahr werden. Früher brannte zuoberst die Funkenhexe als Symbol des Winters.

Scheibenschlagen

Die Fastenzeit wird in einigen Regionen mit dem Brauch des Scheibenschlagens eingeleitet, das am sechsten Sonntag vor Ostern (*Quadragesima* oder *Invokavit*) stattfindet und durch den Funkenflug der abgeschlagenen Scheiben volkstümlich auch „Funkensonntag" heißt. In einer Beschreibung des Brauchs in Tirol aus dem Jahre 1882 steht:

„Gegen Abend ziehen die Dorfburschen ins Gebirge und zünden auf einer weithin sichtbaren Höhe ein großes Feuer – das sogenannte Holepfannfeuer – an. Alsdann werden aus Erlenholz gefertigte Scheiben, welche in der Mitte ein Loch haben und mit Pech und dergleichen bestrichen sind, an dem Feuer angezündet, hierauf auf einem Stab erst herumgewirbelt und schließlich in hohem Schwunge emporgeworfen, worauf sie funkenprasselnd thalabwärts rollen […] am Scheibensonntag aber nennt außerdem bei dem Fortschleudern einer jeden Scheibe der betreffende Bursch den Namen der Person, welcher der Wurf gelten soll, wobei natürlich der ‚Schatz' in erster Linie berücksichtigt wird, und alle wetteifern darin, die

Fastenden und der Anhänger Jesu gehören. Auch wird in der katholischen Kirche der Hochaltar mit einem Tuch verhängt, früher mit einem sogenannten Hungertuch, das auf den Tempelvorhang Bezug nimmt, der zerriss, als Jesus starb. Vor der Osternacht wird das Tuch entfernt, um die Göttlichkeit des Messias und den Anbruch eines neuen Christenreichs mit dessen Auferstehung zu verdeutlichen.

Zum Beginn der Fastenzeit entstanden eine Reihe von Bräuchen, die sich mit älteren Sitten vermischten. Das Scheibenschlagen gehört als alter Fastnachtsbrauch ebenfalls dazu. Es wird zwar innerhalb der Fastenzeit gefeiert, stammt aber wohl noch aus der Zeit, als der Fasching länger dauerte. Allegorisch wird es als Auferstehungsfest interpretiert: Die Funken symbolisieren das reinigende Feuer, die Tür zu einem neuen Leben.

Scheibe möglichst hoch und weit zu schleudern. Inzwischen werden in den Dörfern und Gehöften die sogenannten Holepfannkrapfen, als traditionelles Gericht am Scheibensonntag, gebacken, und wenn die Burschen von dem Scheibenwerfen zurückkehren, so reicht jedes Mädchen, dem zu Ehren eine Scheibe geschlagen worden ist, dem betreffenden Burschen ein Stück von dem beliebten Gebäck, von dem dann auch zu Hause beim Abendessen eine mächtige Schüssel aufgetragen wird."

Frühlingsanfang – Den Winter austreiben

Der Frühling spielte im Jahreslauf seit jeher eine besondere Rolle. Mit ihm endete für unsere Vorfahren die Zeit der Dunkelheit, der Kälte und des mageren Essens. Nicht von ungefähr wurde der Winter mit dem Tod verglichen. Mit ihm endete das Vegetationsjahr. Ist der Winter besiegt, beginnt das fruchtbare Jahr von Neuem und der Sommer zieht ein.

Vielerorts wurde und wird der Winter deshalb in verschiedenen Bräuchen „ausgetrieben", sei dies als sinnbildliche Strohpuppe aus der Ortschaft getragen und abgebrannt oder als verkleidetes Kind im Spiele aus dem Dorf gejagt. Spiele, Feste und Bräuche, ebenso Gesänge und Lieder wechseln von Region zu Region und spiegeln dabei immer die frohe Erwartung der Menschen wider, die sich nach wärmeren Zeiten sehnen. Die Bedeutung der Jahreszeiten zeigt sich auch in deren Personifizierung in der Kunst. Seit der Antike wird der Frühling als weibliche Figur dargestellt und mit verschiedenen Attributen, meist Blumen, ausgestattet.

Astronomisch beginnt der Frühling auf der Nordhalbkugel mit der Tagundnachtgleiche am 21. März. Im Brauchtum begannen die Begrüßungsspiele bereits am Mittfastensonntag *Laetare*, denn der Frühlingsanfang fällt in die Fastenzeit und auf den Monat März. Im Althochdeutschen hieß dieser noch „*Lenzing*", was sich aus dem Wort „*lenso*" ableitet, das „zu lang" heißt und sich auf die länger werdenden Tage bezieht. Bis heute wird der Frühling in der Literatur und im Volksmund als „Lenz" besungen.

Um den Frühlingsanfang fällt auch „Mariä Verkündigung" am 25. März, das als eines der ältesten Marienfeste ab dem 6. Jahrhundert gefeiert wird. Seit der Liturgiereform 1969 ist es das Hochfest der „Verkündigung des Herrn" in der katholischen Kirche. Da Jesu Geburtstag auf den 25. Dezember fällt, ergibt sich nach der Berechnung für den Tag der Empfängnis – hier der Verkündigung – mit neun Monaten vorher der 25. März. An diesem Tag soll der Engel Gabriel Maria die Geburt Jesu verkündet haben.

Nun treiben wir den Winter aus,
durch unsre Stadt zum Tor hinaus
und jagen ihn zuschanden,
hinweg aus unsern Landen.

Wir stürzen ihn von Berg zu Tal,
damit er sich zu Tode fall'.
Wir jagen ihn über die Heiden,
dass er den Tod muss leiden.

So hab'n den Winter wir
ausgetrieb'n,
so bringen wir das Frühjahr
herwied'r,
den Frühling und den Maien,
die Blümlen mancherleien.

Volkslied, 16. Jahrhundert

Die Legende besagt, dass Maria dabei das purpurne Garn für den Tempelvorhang gesponnen oder Wasser geschöpft haben soll. Die Kunst nahm sich des Themas mit allen symbolischen Ausschmückungen an.

Das Volk legte den Frühlingsanfang bald auf diesen Tag und beging ihn mit verschiedenen Riten. So wurde in Bayern das Vieh gesegnet und in vielen Ländern und Regionen nach dem ersten Storch, Käfer oder der ersten Schwalbe Ausschau gehalten, da sie den bald einziehenden Sommer ankündigen. Wer einen der Vorboten fand, erhielt eine Gabe. Das erste Veilchen bekam in manchen Gegenden aufgrund der Vorfreude ein eigenes Fest.

Für Bauern war im Volksglauben der Josephstag am 19. März wichtiger, an dem der Frühling mit seiner Wärme spürbar werden musste, wenn das Jahr gut werden sollte, denn: „*Ist's am Josephstag klar, folgt ein fruchtbar' Jahr!*"

Frühlingsbräuche

Nach einer Originalskizze von G. Knapp (originaler Wortlaut):

1. Heraustragen eines den Winter darstellenden Strohmannes aus dem Dorfe in Oberösterreich
2. Umzug der Kinder in den Rheingegenden
3. Fortschleppen einer den Tod darstellenden Figur in Schlesien und in der Lausitz
4. Das „Winterverbrennen" in Schlesien

Aprilscherz – In den April schicken

Die Streiche am 1. April, heute auch per SMS, Telefon oder E-Mail, sind vor allem bei Jüngeren beliebt.

Dass der April nicht weiß, was er will, bezieht sich vor allem auf das Wetter. Scheint in einem Moment noch die Sonne vom Himmel, können innerhalb weniger Minuten schwere Wolken aufziehen, der Wind sich drehen oder der Winter noch bis Ende des Monats heftige Schneestürme über die bereits grünenden Wiesen schicken. So trügerisch wie das Wetter, so heißt es im Volksmund, sind am 1. April diejenigen, die Einfältige zu Narren machen, indem sie diese „in den April schicken".

> *„April, April, der weiß nicht, was er will."*
>
> Redensart

Seit Mitte des 17. Jahrhunderts hält sich in unseren Breiten die Sitte, mit Schabernack, Späßen und falschen Nachrichten gutgläubige Menschen zu veralbern und sie zu Aprileseln oder -ochsen zu machen. Hat es geklappt und der Narr ist in die Falle getappt, ruft der oder die Scherzende ein fröhliches „April, April!", das die Situation auflöst.

Woher die Sitte des Aprilscherzens kommt, ist nicht geklärt. Vielleicht ist sie auf das Narrenfest der Römer zurückzuführen, das dort an diesem Tag gefeiert wurde. Auch der Winter galt als Narr, den der Sommer nun überall umherschicken konnte und den die Menschen in Bräuchen nachahmten. Mit dem April zieht der Frühling ein und vertreibt den nun machtlosen Winter. Im Brauchtum wurde dies durch allerhand Schabernack nachempfunden.

Der April überwindet den Winter und eröffnet endgültig das Frühjahr. Dies verdeutlicht auch sein Name. Zwar ist heute der April nach dem julianischen Kalender der vierte Monat des Jahres, war aber ursprünglich der zweite Monat, als das Jahr noch am 1. März begann. Das lateinische „*aprilis*" leitet sich angeblich von „*aperire*" ab, das eröffnen heißt und sich auf die Frühlings- und Jahreseröffnung bezieht.

Gleichzeitig mit dem Ankommen des Frühlings wurden auch Täuschungsfeste gefeiert, eines zu Ehren der Venus bereits seit der Antike. Im Volksglauben hat der 1. April noch eine andere Bedeutung, da an diesem Tag Luzifer in die Hölle geschickt und der Apostel Judas geboren worden sein sollen. Um den Schaden an einem Unglückstag in Grenzen zu halten, erfand der Volksglaube ein einfaches Rezept: leichte und derbe Späße.

Böse Geister gelten im Aberglauben als dumm. Sehen sie jemanden Unfug treiben, brauchen sie selbst nicht einzugreifen, um Unheil zu stiften. Wie in der Faschingszeit oder während der Raunächte werden die bösen Geister mit ihren eigenen Waffen geschlagen.

Bunte Scherze

Einige Aprilscherze sind besonders beliebt und werden von Generation zu Generation weitergegeben: Menschen in die falsche Richtung schicken, einen

Die Tiere, die im Volk als einfältig galten, wie Esel, Ochsen und Kühe, fungierten als Namensgeber für besonders leichtgläubige Menschen, die nach einem gelungenen Scherz als „Aprilochsen" verspottet wurden.

Zettel mit Sprüchen an die Kleidung heften oder auf offene Schnürsenkel, Löcher in der Kleidung oder Farbe im Gesicht hinweisen.

Auch Zeitungen, Fernsehen, Internetportale und Rundfunk veröffentlichen am 1. April als Aprilscherz eine „falsche“ Meldung, die die Nutzer herausfinden müssen. Der Brauch des Aprilscherzes hat sich bis heute erhalten und ist vor allem unter Kindern und innerhalb der Familien beliebt. Der Volksmund meint dazu: „Es sind nicht alles Narren, die in den April geschickt werden.“

Die Karwoche – Eine Woche der Trauer

Ostern und die vorhergehende Karwoche fallen mit dem Zeitpunkt des jüdischen Passahfestes zusammen. Hier gedenken die Menschen jüdischen Glaubens den Völkern Israels, die aus der ägyptischen Knechtschaft in die Freiheit zogen, und feiern ab dem 15. Nisan (Frühlingsmond) im Frühjahr ein achttägiges Fest. Am Vorabend nehmen sie gemeinsam ein Mahl symbolischer Speisen ein, die auf dem sogenannten Sederteller angeordnet werden.

Vor rund 2000 Jahren wurde der während dieser Zeit als Prediger bekannte Jesus vom römischen Statthalter aufgrund unterschiedlicher Vorwürfe hingerichtet. Seine in der Bibel, der heiligen Schrift der Christen, beschriebene anschließende Auferstehung legte den Grundstein des Christentums und ist Gegenstand des wichtigsten christlichen Festes: Ostern. Vor dem Auferstehungsfest erstreckt sich die Karwoche. Sie beginnt am Sonntag vor Ostern, der *Palmsonntag* heißt. Mit der Karwoche wird der Leiden Christi gedacht, seiner letzten Tage und der Kreuzigung. Der Name kommt vom mittelhochdeutschen

„Da sie aber aßen, nahm Jesus das Brot, dankte und brach's und gab's den Jüngern und sprach: ‚Nehmet, esset, das ist mein Leib.‘ Und er nahm den Kelch und dankte, gab ihnen den und sprach: ‚Trinket alle daraus; das ist mein Blut des neuen Testaments, welches vergossen wird für viele zur Vergebung der Sünden.‘“

Matthäus 26, 26–28

Am Karfreitag wird das Kreuz verhüllt, um auf die Leidenszeit Jesu aufmerksam zu machen.

kar und althochdeutschen *chara/kara*, was Trauer, Sorge oder Wehklage bedeutet.

In der Bibel wird erzählt, dass Jesus am Sonntag vor dem Passahfest, das damals auf einen Sabbat fallen sollte, in Jerusalem auf einem Esel reitend einzog. Zuvor hatte er sich als Prophet und Heiler einen Namen gemacht. Die Menschen in Jerusalem begrüßten ihn jubelnd und legten seinen Weg mit Palmwedeln aus. Am danach benannten Palmsonntag werden in der katholischen Kirche bis heute Palmbüschel geweiht, wahlweise auch Buchsbaum. Zu Hause stecken die Gläubigen die Wedel hinter die Kreuze. Die in der Kirche verbliebenen geweihten Blätter werden verbrannt und bis zum Aschermittwoch des Folgejahres aufbewahrt, um damit das Kreuz auf das Haupt der Christen zu malen. Früher war eine Prozession mit dem Palmesel üblich. Die kunstvoll gefertigten Tiere sind heute noch in vielen Kirchen zu bewundern.

Am Donnerstag vor Ostern, dem Gründonnerstag, wird im Christentum des Abendmahls gedacht, das vermutlich ein Passahmahl war, welches Jesus mit seinen Jüngern einnahm, und das die Grundlage des Sakraments der Eucharistie bildet. Aus dem dabei verwendeten ungesäuerten Brot, der Mazze, entstand die eucharistische Oblate, die Hostie.

Da Jesus nach der Bibel an diesem Tag gefangen genommen wurde, schweigen die Kirchenglocken bis zur Osternacht. Messdiener nehmen nun keine Messglocken, sondern Ratschen

Am Sonntag vor dem Passahfest, dem heutigen Palmsonntag, zog Jesus auf einem Esel reitend in Jerusalem ein. Die Holzplastik (unten) schuf Lorenz Luidl im Jahre 1671; sie steht in der Stadtpfarrkirche Mariä Himmelfahrt im bayerischen Landsberg.

Charwoche in Bayern

Nach einer Originalzeichnung von G. Knapp, im originalen Wortlaut:
1. Die „Scheit'lweihe" am Charsamstag
2. Ministranten kündigen mit Handknarren den Mittag an
3. Das Vergraben des Eies am Gründonnerstag
4. Besuch des Heiligen Grabes

zur Hand, um zum Gottesdienst zu rufen. Seinen Namen hat der Gründonnerstag nicht von der Farbe Grün, obwohl an diesem Tag vielerorts Grünes gegessen wird. Der Name kommt von *greinen*, das weinen und trauern bedeutet. Der Tag war früher auch Antlasstag (Ablasstag), an dem die Büßer wieder in die Gemeinschaft aufgenommen wurden.

Im Volksglauben spielen auch Kräuter eine wichtige Rolle. Werden an diesem Tag Brennnesseln gepflückt und getrocknet, sollen sie auf dem Dachboden gelagert gegen Blitzschläge helfen. Das Pflücken kurz vor Ostern verspricht zudem angeblich Glück und Reichtum für das Haus.

Der Karfreitag ist der Kreuzigungstag und somit der Tag, an dem Christi Tod mit Stille gedacht wird. Das Kreuz in der Kirche ist mit einem Tuch verhüllt. An diesem Fasttag ist den Katholiken der Verzehr von Fleisch untersagt. Für Protestanten ist der Karfreitag der höchste kirchliche Feiertag in der Karwoche und wird mit einem Kirchenbesuch begangen. Aufführungen der Matthäus- und Johannespassion von J. S. Bach finden häufig statt.

Mit dem Kreuzweg, dem nachgestellten Weg zur Hinrichtung auf dem Berg Golgatha, soll der letzten Stunden des Messias gedacht werden. Tausende Gläubige ziehen jedes Jahr den Leidensweg in Jerusalem vor Ort nach. Ebenso wird er durch Kreuzwege oder in Kirchen nachgestellt. Auch Passionsspiele, wie die berühmten in Oberammergau in Oberbayern, bei denen die gesamten Einwohner der Ortschaft mitspielen und sich über

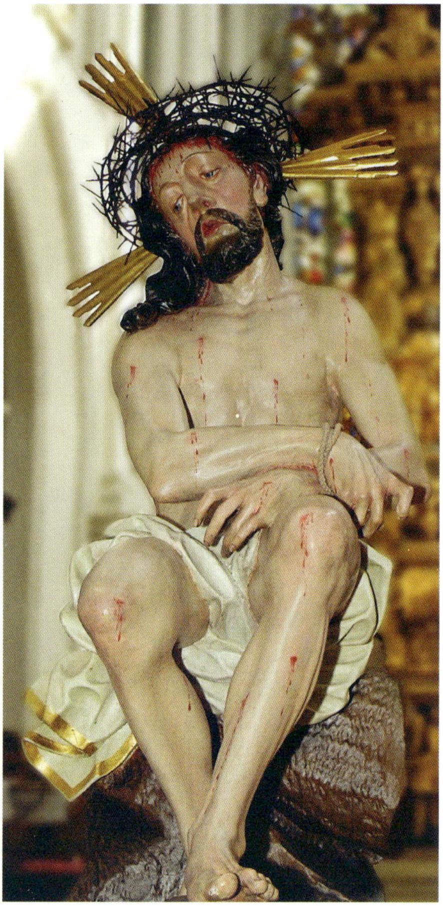

In der Stadtpfarrkirche Mariä Himmelfahrt im bayerischen Landsberg ist in der Passionszeit die Skulptur „Jesus in der Rast" zu sehen, die Christus mit Dornenkrone und Geißelmalen zeigt.

PALMZWEIG-VERKAUF
AUFERSTEHUNGS-JUGEND
FUSSWASCHUNGSAPOSTEL
DIE GLOCKEN FLIEGEN NACH ROM
EIER-BÖCKEN
HEIMKEHR VON HERNALS
RATSCHENBUBEN
BEDIENTE
KIRCHEN-BESUCH
FAHNENTR

Osterwochen-Gestalten

Nach einer Originalzeichnung von Vinzent, Stich aus der Zeitschrift „Über Land und Meer“ (von o. l. im Uhrzeigersinn im originalen Wortlaut):

- Palmzweig-Verkauf
- Auferstehungs-Jugend
- Die Glocken fliegen nach Rom
- Fußwaschungs-Apostel
- Eier-Böcken
- Fahnenträger
- Kaufts Veilchen
- Kirchenbesuch
- Bediente
- Ratschenbuben
- Heimkehr von Hernals (Mitte)

Monate langes Haupthaar und Bärte wachsen lassen, gehören heute ebenfalls noch zum Brauchtum.

Der folgende Samstag heißt auch stiller Samstag und ist der einzige Tag im Jahr ohne Eucharistiefeier und heilige Messe. Die Glocken schweigen. In der katholischen Kirche finden die Osterbeichten statt. Seit den frühen christlichen Jahrhunderten verbrachten die Gläubigen diese Nacht mit Beten, oftmals auch vor einem Heiligen Grab (siehe Bild, S. 32 unten), das am Ostersamstag aufgestellt wurde. Im 4. Jahrhundert weitete sich die Osterliturgie auf drei Tage aus. Höhepunkt war schon bald die bereits in der Nacht von Karsamstag auf Ostersonntag gefeierte Ostermette.

Ostern – Eier, Hasen und Auferstehung

Oben: Der Ostereier bringende Hase stieg im 17./18. Jahrhundert zum Symboltier des Osterfestes auf.

Das höchste und älteste Fest der Christen im kirchlichen Jahreskreis ist das Auferstehungsfest Ostern. Es wird als Familienfest im Frühjahr gefeiert. Der Name kommt wahrscheinlich vom gallo-fränkischen Wort *austro*, was *Morgenröte* bedeutet, und nicht von der Göttin Ostara, die gern als Namensgeberin genannt wird, was jedoch nicht nachgewiesen ist.

Vor der christlichen Zeitenwende zelebrierten die Menschen eine Reihe von Frühlingsfesten, deren Bräuche sich in der heute üblichen Osterfeier wiederfinden. Christen gedenken in der vorausgehenden Karwoche und während der Feierlichkeiten der Kreuzigung und Auferstehung Christi, die sich während des jüdischen Passahfestes in Jerusalem vor etwa 2000 Jahren ereignete. Nach dem Tod ihres Messias begann die Urkirche den Ereignissen mit einer besonderen Feier zu gedenken. Zunächst begingen die Urgemeinden jede Woche gemeinsam die Eucharistie am Sonntag: zum einen, um sich vom jüdischen Sabbat am Samstag und somit vom Judentum allgemein abzugrenzen, zum anderen, um an den Sonntag zu erinnern, an dem Christus nach ihrem Glauben auferstanden ist. Vor dem Auferstehungsfest traf sich die Gemeinde zum Vigil, zum gemeinsamen Beten in der Nacht. Die syrischen und römischen Christen stritten sich in den ersten nachchristlichen Jahrhunderten über den Zeitpunkt der Osterfeiern. Während die einen die Auferstehung am 15. Nisan begingen, dem jüdischen

Rechts: Schöpfen des Osterwassers – 1892 veröffentlichter Stich nach einer Originalzeichnung von R. Püttner.

Passahfest, feierten die anderen Ostern am Sonntag nach dem 15. Nisan. Im Jahre 325 beendete das erste Konzil von Nizäa den Streit und legte als Termin den Sonntag nach dem ersten Vollmond im Frühling fest. Die unterschiedlichen Berechnungen der Oster- und Frühlingskreise nach dem julianischen Kalender in der Ostkirche und dem gregorianischen Kalender in der Westkirche sorgten weiter für Konfliktstoff, der zusammen mit anderen Differenzen schließlich zum großen Kirchenschisma führte.

Das Osterfest gliedert sich heute in Karfreitag, Karsamstag und Osternacht, das Fest der Auferstehung des Herrn (Ostern) und den Ostermontag. Die Oktav, eine achttägige Festzeit, die vom Ostersonntag bis zum folgenden Sonntag, dem sogenannten *Weißen Sonntag*, datiert, hat ihren Ursprung wohl im ebenfalls achttägigen Passahfest.

Dem Osterfest geht die vierzigtägige Fastenzeit voraus, die ab Aschermittwoch läuft und ohne die Sonntage berechnet wird. Sie gilt als Vorbereitungszeit für die Gläubigen, die sich in Enthaltsamkeit und Buße üben sollen. Zwischen Oster- und Pfingstsonntag liegt die fünfzigtägige Osterzeit *(Pentekoste)*.

Das christliche Osterfest läuft in den Kirchen nach einem vorgeschriebenen Plan, der Liturgie, ab. In der lateinischen Kirche ist seit 1956 die nächtliche Feier am frühen Sonntagmorgen vorgeschrieben. Zunächst werden die am Osterfeuer entzündeten Kerzen gesegnet. Mit Lesungen aus dem Alten und Neuen Testament sowie mit Gesängen wird der Auferstehung gedacht. Höhepunkt ist die Eucharistie. Für die Gläubigen gehört es seit 1215 zu den Pflichten, in der Osterwoche mindestens einmal die Kommunion zu empfangen. Zuvor sollten sie die Osterbeichte abgelegt haben.

Die protestantischen Kirchen feiern den festlichen Gottesdienst am Ostersonntag. Die orthodoxen Kirchen begehen mit 15 Lesungen am Karsamstag die Vesper. Am Sonntagmorgen ziehen die Gläubigen in einer Lichterprozession um die Kirche und preisen mit dem Kehrvers „Christ ist erstanden!" die Auferstehung.

Mit farbigen Eiern und grünen Girlanden geschmückter Osterbrunnen in Oberbayern. Der Brunnen enthält das „Wasser des Lebens", was Brauchtum und Glaube, als Sinnbild für den Auferstandenen, verbindet.

An Karfreitag schweigen die Glocken. Hier rufen die Ministranten der Pfarrei Mariä Himmelfahrt in Landsberg am Lech mit Ratschen zur Messe.

Volksbräuche zu Ostern

Am **Palmsonntag** finden in den katholischen Gemeinden Prozessionen statt, die an den Einzug Jesu in Jerusalem erinnern sollen. Die geweihten Palmen- oder Buchsbaumwedel werden zu Hause hinter die Kreuze gesteckt oder erhalten einen besonderen Platz, von dem aus sie angeblich Ungeziefer vertreiben können.

Am **Gründonnerstag** ist es auf dem Lande üblich, eine Suppe mit neun Kräutern zu essen. Auch andere grüne Speisen waren und sind immer beliebt, obwohl sich der Name Gründonnerstag nicht auf die Farbe bezieht, sondern seinen Ursprung im Wort „*greinen*" hat, das „weinen" bedeutet. Katholiken halten in der sogenannten Ölbergstunde eine Wache ab, die an die Gebete Jesu im Garten Gethsemane erinnern soll.

Der **Karfreitag** eignete sich in einigen bäuerlichen Regionen nach altem Volksglauben zur Getreideaussaat. Die an diesem Tag gelegten Eier wurden sorgfältig aufgehoben, da sie angeblich vor Gewitter schützten. Auch Brot und Wasser des Tages besaßen Heilkräfte. Drei Nägel in die Stalltür geschlagen, sollten das Vieh vor Seuchen bewahren; man glaubte, der Eisengehalt der Nägel wehre die bösen Geister ab.

Zu den beliebtesten und bis heute ausgeübten Bräuchen gehört das **Schöpfen des Osterwassers**, das vermutlich auf das Herrichten des Taufwassers zurückgeht. Im Mittelalter wurde an den Ostertagen getauft. Der Brauch findet sich heute

in der lateinischen Osterliturgie im Erneuern des Taufversprechens. In der Osternacht gehen die Mädchen des Ortes schweigend zu einem Bach und schöpfen Wasser in ihren mitgebrachten Krug, denn das Wasser soll Heilkraft besitzen. Sprechen sie dabei, verwandelt es sich allerdings in nutzloses „Plapperwasser".

Das **Eierschlagen** oder -picken gehört zu den beliebtesten Volksbräuchen am Osterfeiertag. Zwei Spieler nehmen je ein Ei und stoßen deren Spitzen gegeneinander. Wessen Ei ganz bleibt, der gewinnt. Das eingedrückte Ei muss abgegeben werden. In einem Text von Alexander Tisse aus dem Jahre 1893 heißt es: „*Sie gehen langsam und bleiben endlich stehen. Um sie her sammelt sich sofort eine Menge Schaulustiger […] Indessen holt der eine ein dunkelrot gefärbtes Ei hervor. Aber auch der andere kann sich nicht mehr halten. Ein Griff in die Tasche, und mit raschem Ruck hält er, ohne erst lange zu wählen, dem anderen ein Ei hin, das er fast ganz mit der schützenden Hand verdeckt. So stehen sie. Da entschließt sich der*

Osterfeierlichkeiten in der Oberlausitz.
Stich aus dem 19. Jahrhundert nach einer Originalzeichnung von E. Hosang. Von der Gutsherrschaft regnet es Brezeln und Gebäck auf die Dorfbewohner.

Erste zum Schlage. Er schlägt – sein eigenes Ei bricht ein. Natürlich hat er das voraus gewusst; denn der Schlagende ist ja immer im Nachteil. In Thüringen wäre das geschlagene Ei unwiderruflich verloren. In den Ostseeprovinzen ist es nicht so. Hat doch ein Ei zwei Spitzen, und ehe nicht auch die andere eingeschlagen ist, bekommt der Gegner das Ei nicht.“

Auch werden vielerorts **Osterfeuer** angezündet, die ihren Ursprung in germanischen Frühlingsfeuern haben. Später deutete die christliche Kirche diese in den symbolischen Schein von Christus um, der nach seinem Tod neu erstanden sei und leuchte. Seine Entsprechung als das himmlische Licht führt zur Segnung der Osterkerzen in der lateinischen Kirche.

Das **Osterreiten**, das in einigen katholischen Gegenden noch gepflegt wird, geht darauf zurück, die Auferstehung Christi ins Land zu tragen. Festlich geschmückte Reiter und Pferde umrunden Kirche und Felder und tragen Oster- und Kirchenfahnen mit sich.

Für die **Ostersträuße** aus Birken- und Haselnusszweigen werden Zweige vor Ostern geschnitten, gebunden und im warmen Wohnzimmer mit gefärbten und bemalten Eiern verziert. Die aufbrechenden grünen Blättchen symbolisieren im christlichen Glauben die Auferstehung, im Volksglauben den Frühling und den Sieg der Natur über den Winter.

Der Osterspaziergang am **Ostermontag** heißt in Süddeutschland „Emmausgehen“ und bezieht sich auf den Gang der Jünger nach Emmaus. Bauern umschreiten dabei ihre Felder. Beim ersten Spaziergang zog sich früher die Familie neue Kleider an, um sich wie die Natur neu zurechtzumachen und Glück auf die Kleider zu ziehen. Vorher fand dafür am Gründonnerstag und Freitag das Kleiderlüften gegen die Mottenplage statt.

Zu den Bräuchen, die sich über die Jahrhunderte erhalten haben, gehört das Osterfeuer (oben), das in der Nacht vom Samstag zum Sonntag brennt.

Die Hasenfamilie (rechts) bemalt die Eier, der Osterhase verteilt sie. Stich aus dem Jahre 1886 nach einer Originalzeichnung von Max Eichler.

Nach Ostern begann früher in Übereinstimmung mit der Vegetationszeit für die Kinder das neue Schuljahr. Auch die Einschulungen fanden nach Ostern statt.

Das Osterei

Bereits in der vorchristlichen Zeit galt das Ei als Fruchtbarkeitssymbol, da aus ihm Leben erwächst. Die Germanen verehrten es, ebenso die Chinesen und Ägypter. Zum jüdischen Passahfest war es auf dem Sederteller als Allegorie für das Tempelopfer zu finden. Die christliche Symbolik interpretierte es später als das Grab Jesu: außen hart, innen lebendig. Seit den ersten Jahrhunderten unserer Zeit verschenkten die Gläubigen am Ostermorgen Eier, später aufgrund der Fastenzeit nicht nur aus symbolischen, sondern auch aus praktischen Gründen. Eier fielen unter das Fastengebot und durften nicht verzehrt werden. Die Hühner legten weiter, sodass sich eine Menge an Eiern ansammelte. Das Ei besaß aber noch eine andere Bedeutung für die Kleinbauern: Im Frühling lag einer der beiden Zahltage für Pacht und Zins, bei denen mit Eiern bezahlt werden konnte.

Das erste bunt bemalte Ei soll bereits im vierten Jahrhundert gefunden worden sein. Als Vorbild diente die Musterung der Wildvogeleier. Später entwickelte sich die Bemalung in einigen Regionen zum Kunstzweig. Bunt bemalte Eier zeigen heute die Vorfreude auf den Frühling an. Das

Die Osterhasen.

Schon grünt's im Feld, schon sprießt das Gras;
Sanft weht ein Frühlingshauch, ein linder,
Da spricht der Papa Osterhas':
„Wohlauf ans Werk, ihr lieben Kinder!

‚Dort stehn die Farben: Rot, Grün, Blau;
Da sind die Pinsel, da die Eier!
Denn ohne die, du weißt es, Frau,
Giebt's keine rechte Osterfeier!

„Vor Tag noch, Springinsfeld, mein Sohn,
Mußt du zum Dörflein hurtig traben,
Denn ungeduldig warten schon
Auf dich die Mägdlein und die Knaben!“

R. F.

Eiersuchen im Garten gehört zur Tradition in der Familie. In den oberbayerischen Haushalten werden die Eier noch heute zusammen mit Butter, Salz, Brot und einem gebackenen Osterlamm mit in die Kirche genommen, um sie vom Priester segnen zu lassen.

Osterlamm und Osterhase

Die Herkunft des Osterhasen ist nicht genau geklärt. Es wird behauptet, dass ein verformtes Osterlamm aus dem Backofen eher einem Hasen glich und als Symboltier seinen Siegeszug begann. Das Osterlamm mit der Fahne des Erlösers steht für Jesus, hat seinen Ursprung aber im jüdischen Passahlamm, das während des Passahfestes in Erinnerung an den Auszug der Israeliten aus Ägypten geschlachtet und in der Familie verzehrt wird. Der Osterhase ist wahrscheinlich ein Ableger des säkularen Brauchtums. Der Protestantismus lehnte die Eierweihe ab. Das Schenken der Ostereier erhielt sich aber im Volk. Im 17. und 18. Jahrhundert verbreitete sich überall die Tradition, Ostereier im Garten zu verstecken. Den Kindern wurde dabei erzählt, die Eier habe ein spezieller Hase heimlich in das Nest gelegt: der Osterhase.

Der Weiße Sonntag – Weiß als Symbol der Reinheit

Acht Tage nach Ostern feiern die katholischen Gemeinden den „Weißen Sonntag". Er ist der letzte Tag der Osteroktav, jener acht Tage, die auf Ostern folgen. Seinen Namen hat der Festtag von den weißen Taufkleidern der Täuflinge.

Im Mittelalter war es üblich, zur Osterzeit zu taufen. Erst eine Woche später, am Sonntag nach Ostern, wenn am Vortag die Feierlichkeiten

Die Erstkommunion (oben) *in der Pfarrkirche Mariä Himmelfahrt im oberbayerischen Landsberg. Mädchen tragen symbolisch weiße Kleider, Jungen Anzüge und stehen als Bräute und Bräutigame Christi am Altar.*

zu Ende gegangen waren, zogen die erwachsenen Täuflinge ihre weißen Kleider wieder aus. Heute ist dieser zweite Sonntag der Osterzeit der *Dominica in albis*, der Tag der feierlichen Erstkommunion. Seit dem Konzil von Trient, das Mitte des 16. Jahrhunderts stattfand, sollte die Erstkommunion nicht mit der österlichen Pflichtkommunion zusammenfallen. Aber erst Papst Pius X. (1893–1914) legte für diesen Tag den Sonntag nach Ostern fest.

Die Erstkommunion der etwa acht- bis zehnjährigen Mädchen und Jungen steht eng im Zusammenhang

Rechts: *Freudiges Warten auf die Zeremonie.*

mit der Taufe, die dem Weißen Sonntag seinen Namen gab. Die Kinder dürfen an diesem Tag zum ersten Mal das Sakrament der Eucharistie empfangen. Sichtbares Zeichen dafür ist die Kommunionskerze, die an der Osterkerze angezündet wird. In ihrer Kleidung entsprechen die Kinder der Tradition der Täuflinge als „Engel", aber auch „Bräutigame" und „Bräute Christi". Dafür kleiden sich die Jungen in einen dunklen Anzug und die Mädchen in ein weißes Kleid, das einem Brautkleid ähnelt. Im Vorfeld werden die Kinder mit einem ein- bis zweijährigen Unterricht auf die Bedeutung der Kommunion hingewiesen.

Im katholischen Glauben ist die Eucharistiefeier eine Mahl- und Opferfeier zugleich. Das Kreuzopfer Christi wird auf dem Altar auf unblutige Weise vergegenwärtigt. In Anlehnung an das letzte Abendmahl, das Jesus mit seinen Jüngern feierte, verwandelt sich bei der Eucharistie durch Anrufung des Heiligen Geistes Brot und Wein in Leib und Blut Christi. Feiert nun die Gemeinde gemeinsam die Kommunion, glaubt sie an die lebendige Gegenwart des Erlösers. Der Empfang setzt ein Freisein von Sünde im religiösen Sinne voraus und deshalb im gegebenen Fall den Empfang des Bußsakraments.

So wie das Hochzeitsfest von Äußerlichkeiten und Bräuchen geprägt ist, so gewann die Pracht und Ausstattung auch in der Erstkommunionfeier an Bedeutung. Die Kleider der Mädchen stehen den aufwändigen Brautkleidern in nichts nach, ebenso die anschließende Feier in Familie und Verwandtschaft.

Walpurgisnacht – Die Hexen nach dem Blocksberg ziehen …

In der Nacht vom 30. April zum 1. Mai geht es auf dem höchsten Berg im Harz, dem Brocken, hoch her. Alle Hexen des Landes ziehen dann zum sogenannten Blocksberg, um den Hexensabbat mit Teufelskult und Tänzen ausgelassen zu feiern. Während der Hexenverfolgung im Mittelalter glaubten die Menschen tatsächlich an Frauen, die sich in schwarzer Magie üben und damit Unheil über die Menschheit bringen. Der Hass gegen diese vermeintlichen Hexen richtete sich ebenso gegen die Juden, woraus das Wort Hexensabbat als Schimpfwort für deren angebliche Zusammenkünfte entstand.

Im Volksglauben hielt sich die Ansicht, dass die ganze Walpurgisnacht von gespenstischen Umtrieben erfüllt war. Und um sich vor den Hexen zu schützen, die auf dem Besen reitend durch die Lande zogen, befestigten die Bauern Kreuze an den Stalltüren und Kräuterbüschel am Haus. Gut gegen das Verhexen sollte dabei das Walpurgiskraut helfen, ein Farnkraut der Heidewiesen, das den Namen der heiligen Walpurga trägt. Sie ist vermutlich die Namensgeberin des Hexenfestes, ohne daran beteiligt zu sein. Vielmehr legte die katholische

Die Walpurgisnacht. Die Hexen reiten auf Besen, Eber, Eule, Kröte und Ziegenböcken zum Blocksberg, um mit dem Teufel zu tanzen. Nach einer Skizze von G. Huttle, Ende des 19. Jahrhunderts.

Kirche ihren Gedenktag auf den 1. Mai, um dem Hexenfest Einhalt zu gebieten. Die historische Walpurga wurde als Tochter von König Richard von England gegen 710 geboren. Als Missionarin und Nonne kam sie 748 ins deutsche Kloster Tauberbischofsheim, ab 761 wirkte sie als Äbtissin im Benediktinerinnenkloster im fränkischen Heidenheim. Wunder vollbrachte sie angeblich mehrere: So soll sie ein Kind mit drei Kornähren vor dem Hungertod gerettet haben und als sie von Hunden angefallen wurde, ließen diese von ihr ab, nachdem sie sich auf den Schutz Christi berufen hatte. Seitdem gilt Walpurga als Nothelferin gegen Hundebiss und Tollwut. Vor allem aber ist das sogenannte „Walpurgisöl" von besonderer Heilkraft, das ihre Grabplatte, die über ihren Reliquien in Eichstätt liegt, immer wieder absondern soll.

Mit dem Hexenritt zum Blocksberg hat die historische Walpurga nichts gemein. Der ist vermutlich eine Abwandlung aus der nordischen Mythologie, nach der der germanische Gott Wotan (Odin) und die Fruchtbarkeitsgöttin Freyja den Winter vertreiben. Daraus entwickelten sich die Umtriebe, bei denen sich die Hexen auf Besen, Mistgabeln oder Schweinen reitend zum gemeinsamen Tanz versammeln.

Johann Wolfgang von Goethe erwähnte im *Faust* das Hexentreiben auf dem Brocken: *„Die Hexen nach dem Blocksberg ziehen …"*

Heute versammeln sich jedes Jahr zahlreiche Menschen auf dem Berg, um in einer entsprechenden Verkleidung die Walpurgisnacht zu feiern. In Bayern werden die Hexen und Geister traditionell mit dem Peitschenknallen vertrieben oder mit dem Läuten der Kirchenglocken. Die Lagerfeuer, die beim Feiern übersprungen werden, gehen auf den abergläubischen Abwehrzauber zurück, nach dem Geister mit Feuer vertrieben werden können.

Die Hexengeschichten fanden in einer freundlichen Form Eingang in den Alltag und in die Kinderzimmer. Nicht nur der Zauberlehrling Harry Potter erfreut sich hier größter Beliebtheit, sondern auch die Junghexe Bibi Blocksberg, die nach dem berühmten Berg der Walpurgisnacht benannt ist und zur Hexenprüfung auf den Brocken reiten darf.

Faust und Mephisto in der Walpurgisnacht. *Illustration von August von Kreling in Goethes „Faust", veröffentlicht 1874 in München.*

Maifeier – Wenn Himmel und Erde sich vermählen

Der 1. Mai hat nicht erst „als Tag der Arbeit“ im Traditionsbewusstsein des Volkes einen festen Platz. Schon seit dem 13. Jahrhundert wird er als Einführungsfest des Frühlings in England und Italien gefeiert. Lokaltypische Bräuche kamen wenig später auch im deutschen Raum auf. Festliche Aufzüge, feierliche Mairitte und der Maiengang, bei dem Birkenzweige und Bäumchen aus den nahen Wäldern geholt wurden, gehörten bald schon zum festen Brauchtum, um den Sommer zu feiern.

Sinnbilder der Zünfte und Vereine schmücken den Maibaum in Bayern mit seinem weiß-blauen Stamm.

Die „Maien“, das frische Grün, schenkten die jungen Burschen ihrer Auserwählten am Morgen, treulosen Mädchen stellten sie eine Schandmaien vor die Tür. Das Wort „Maien“ soll auf die römische Göttin Maja zurückgehen, die für das Wachstum im Frühling sorgt und dem Monat Mai seinen Namen gab. Das Volk erhob den Mai zum Wonnemonat, da es überall grünt und blüht und Tänze und Lieder den Frühling besingen. Bis zum Johannistag, an dem die Sonne wieder abnimmt, zog sich früher der Festkreis hin.

Die Frühlingsbräuche in Deutschland gehen auf die als Götter personifizierten Naturkräfte zurück, die sich nach den Vorstellungen der Ahnen zum Wechsel der Jahreszeiten erbittert bekämpfen. Im Frühjahr besiegt der junge Sonnengott den Winter und führt die vom Eis befreite Erde als Braut zum 1. Mai mit reichlichem Blütenschmuck heim. Diese Vermählung von Himmel und Erde schlägt sich bis heute in zahlreichen Bräuchen nieder. In vielen Regionen wurde ein Maikönig oder Maigraf gewählt und ihm zur Seite die Königin aus den Reihen der Schönheiten des Ortes gestellt. Auch tanzten die Mädchen um den Maigrafen, damit er sich eine von ihnen erwähle und ihr den Kranz aufsetze. Ihre Hochzeit symbolisierte die göttlich-kosmische Vermählung. Ab dem Mittelalter fanden die großen Umzüge statt, in Anlehnung an die jährliche Versammlung der Großen des Fränkischen Reiches mit einer

Das Aufrichten des Maibaums in einem Dorf in Oberbayern. Nach einer Originalskizze von J. Puschkin. Stich aus dem 19. Jahrhundert.

Heerschau, die unter Pippin dem Jüngeren im Jahre 755 vom 1. März auf den 1. Mai verlegt wurde und damit dieses Brauchtum auslöste.

Tanz um den Maibaum

Vielerorts hat sich der Tanz um den Maibaum erhalten, wobei den Tanzplatz frische Birkenzweige und bunte Bänder schmücken. Der Maibaum kann ein frisch gesetzter junger Baum sein, ist aber meist der große, entastete und geglättete Stamm eines Nadelbaums. Bäume wurden seit alters her verehrt, sowohl bei den Germanen wie auch bei anderen und nachfolgenden Kulturen. Während in der Krone die Götter residierten, wurde ihm zu Füßen Gericht gehalten. Ein Baum markierte die Mitte des Dorfes

Am Aufrichten des Maibaums beteiligt sich das gesamte Dorf.

oder den Dorf- und Gerichtsplatz. Heilige und magische Orte lagen in Wäldern und Hainen.

Der Maibaum ist bis heute ein geglätteter und mit den Zunftzeichen des Ortes geschmückter Stamm. Um ihn herum wird „in den Maien gefeiert", früher fanden auch Wettkämpfe und Spiele zur Wahl des Maikönigs und der -königin statt. Beim Tanz unter dem mit langen Bändern verzierten Baum konnte die Dorfjugend „anbändeln".

Dem Wechsel von Winter zum Sommer begegneten die Menschen mit zahlreichen Riten aus dem Volksglauben, die stark an die geräuschvollen Feiern zum Jahreswechsel erinnern. Zuvor sollen in der vorangehenden Nacht, der Walpurgisnacht, in der Hexen und Geister ihr Unwesen treiben,

Maifeier

Nach Originalskizzen von G. Knapp, Stich aus dem Jahre 1884:

1. Herumziehen der Kinder am 1. Mai im Oberelsass
2. Das Maibaumsetzen in Schwaben
3. Der Einzug des Maigrafen in Holstein
4. Tanz um den Maibaum in Belgien

mit Lärm und Feuer die bösen Geister vertrieben werden. In Bayern ist es üblich, den Mai zu „verziehen". Alle Dinge, die nicht in den Hof geholt oder festgebunden werden, versieht die Jugend mit Streichen. Das hat zur Folge, dass die Eigentümer am nächsten Morgen ein Fahrrad im Baum oder ein Zaunfeld auf dem Komposthaufen wiederfinden können.

Der Tag der Arbeit

Erstmals im Jahre 1890 wurde der 1. Mai weltweit als „Weltfeiertag der Arbeit" begangen, an dem die Menschen für bessere Arbeitsbedingungen demonstrierten. Im nationalsozialistischen Deutschland hieß er ab 1933 der „Tag der nationalen Arbeit". Nach 1945 verbanden sich die Arbeiter in Demonstrationen miteinander und erhoben den Tag zum internationalen Feiertag in beiden Teilen Deutschlands. Mit Reden der Arbeiter- und Gewerkschaftsführer, roten Fahnen als Zeichen der Arbeiterschaft und der roten Nelke als Symbol im Knopfloch gestalten die Arbeiterinnen und Arbeiter bis heute ihre Maidemonstrationen.

Papst Pius XII. verkündete 1955 den 1. Mai als Fest- und Gedenktag für „Joseph, den Arbeiter", um ihn vermutlich mit dem Tag der Arbeit in Verbindung zu bringen. Der heilige Joseph ist seit Pius IX. der „Patron der gesamten katholischen Kirche". In der Bibel wird er als Zimmermann und Vater von Jesus beschrieben. In Spanien ist daraufhin der Josephstag auch der Vatertag, an dem die Väter kleine selbst gestaltete Geschenke ihrer Kinder erhalten.

> ***Dieser Monat ist ein Kuss,***
> ***den der Himmel gibt der Erde,***
> ***dass sie jetzund seine Braut,***
> ***künftig eine Mutter werde.***
>
> Friedrich von Logau, „Der Mai"

Alte Aufnahme (ca. 1907) einer Maibaumfeier im Grünen.

Muttertag – Den Müttern zur Ehre

Der zweite Sonntag im Mai gehört den Müttern. Millionen Blumensträuße wandern an diesem Tag über den Ladentisch, um von einem (zumeist erwachsenen) Kind an die Mutter geschenkt zu werden. Was wie eine neuzeitliche Erfindung aussieht, hat seine Wurzeln in den ältesten menschlichen Gesellschaften, denn Mutterverehrungen sind fast so alt wie die Menschheit selbst.

Fruchtbarkeits- und Muttergöttinnen waren die ersten Gottheiten, die angebetet wurden. Jahrtausendelang gehörte der Mutterkult zum Alltag ebenso wie die kultische Verehrung des Weiblichen als Quelle neuen Lebens. Mit den monotheistischen männlichen Religionen ging die kultische Verehrung weiblicher Gottheiten zurück, die Muttergöttinnen blieben aber im Volk verhaftet, auch im Christentum in der Figur der Mutter Maria, der Patronin aller Frauen.

Die Mutterverehrung kam mit Beginn des zwanzigsten Jahrhunderts neu in Mode. Seitdem (1917 in der Schweiz, 1922 in Deutschland) erhalten die Mütter im Mai Blumen, Schokolade und einen freien Tag von der Familienarbeit, die wahlweise die Kinder oder Lebenspartner übernehmen. In dieser Form hat der Ehrentag der Mütter seinen Ursprung in den USA. 1872 schlug die amerikanische Schriftstellerin Julia W. Howe erstmals einen offiziellen Feiertag zu Ehren der Mütter vor. Am 9. Mai 1907 startete die Amerikanerin Ann Jarvis mit einer Briefaktion eine Kampagne zur Einführung eines Muttertages, als sich der Todestag ihrer Mutter zum zweiten Mal jährte. Die Aktion hatte Erfolg, bekam reichlich Zustimmung und führte dazu, dass zwei Jahre später der Muttertag in 45 Bundesstaaten der USA gefeiert wurde. Fünf Jahre später bestimmte der amerikanische Kongress unter Präsident Wilson den zweiten Sonntag im Mai zum offiziellen Ehrentag der Mutter als „öffentlicher Ausdruck für die Liebe und Dankbarkeit".

Drei Jahre später kam der Muttertag nach Europa. Die Nationalsozialisten bestimmten den zweiten Sonntag im Mai zum Feiertag und priesen in völkischer Propaganda die Vorzüge der Mutterschaft.

Heute zeigt sich der Muttertag konsumorientiert. Als Ritual bürgerte sich das Verschenken eines Blumenstraußes an die Mutter

Der Muttertag hat sich in den letzten Jahrzehnten in Europa etabliert. Mütter erhalten Blumen oder kleine Präsente. Kindergärten veranstalten Muttertagsfeiern, erwachsene Kinder führen ihre Mütter zum Essen aus.

ein, woran vor allem die Blumenläden aufgrund ihrer Umsätze eine noch größere Freude als die Geehrten haben dürften.

Einen sogenannten *Mothering Day* feierten englische Familien bereits im 17. Jahrhundert am Sonntag Laetare Mitte der Fastenzeit. Dabei versammelte sich die Familie zu einem Fest. In manchen Gegenden Deutschlands wurde an diesem Tag die Verwandtschaft besucht und bewirtet. Die christlichen Institutionen deuteten den *Mothering Day* im ursprünglichen Sinne als Hinwendung zur Mutter Kirche.

Die kommunistischen Staaten feierten den Ehrentag der Mütter jedes Jahr gemeinsam mit dem Internationalen Frauentag am 8. März.

Christi Himmelfahrt – Herrenfeier im Himmel und auf Erden

Vierzig Tage nach Ostern wird heute das Fest Christi Himmelfahrt gefeiert. Es geht auf die Schilderung in der Bibel zurück, nach der Jesus Christus vor seinen Anhängern mit seinem lichtdurchfluteten leiblichen Körper zu Gott in den Himmel auffährt.

In der christlichen Urkirche wurde dies in den ersten drei Jahrhunderten gemeinsam mit dem Pfingstfest gefeiert. Nach dem Ende des Osterfeststreits, das den Zeitpunkt von Ostern rechnerisch festlegte, wurde vermutlich mit dem Konzil von Nizäa im Jahre 325 auch Christi Himmelfahrt als eigenständiger Feiertag bestimmt. Die tief religiöse und heilige Zahl Vierzig, die mehrfach in der Bibel zitiert wird, war auch hier ausschlaggebend für die Festsetzung. Vierzig Tage nach der Auferstehung, am Donnerstag nach

Himmelfahrtsbräuche

Nach einer Skizze von G. Knapp aus dem 19. Jahrhundert:

1. Stallungen werden mit grünen Girlanden und Kränzen geschmückt.
2. Der Priester bittet beim Flurumgang hoch zu Ross um Fruchtbarkeit für Feld und Flur und die Verhütung von Unwetter.

> ***„… und er ward aufgehoben zusehends,***
> ***und eine Wolke nahm ihn auf vor ihren Augen weg.“***
> Apostelgeschichte 1, 9
>
> ***„… und fuhr auf gen Himmel.“***
> Lukas 24, 51

dem fünften nachösterlichen Sonntag, wird seitdem Christi verklärte Erscheinung und Himmelfahrt gefeiert.

In manchen Regionen wurde das Aufsteigen Christi versinnbildlicht, indem Christusfiguren während der Messe nach oben gezogen wurden. Und das Thema des Fliegens ging zu Hause weiter, indem „Fliegendes“, also Geflügel, auf dem Speisezettel stand.

Heute ist Christi Himmelfahrt als arbeitsfreier Tag im Volk willkommen. Mit dem nachfolgenden Freitag als Brückentag ergibt sich das erste lange Wochenende bei vorsommerlichen Temperaturen, das vor allem für Kurzreisen genutzt wird.

Herrenpartie und Vatertag

Im 19. Jahrhundert etablierte sich Christi Himmelfahrt auch als Tag der „Herrenpartie“. Die ortsansässigen Männer nahmen sich damals einen Tag frei und zogen mit viel Alkohol auf Pferdewagen um die Felder. Das Umfahren geht vermutlich darauf zurück, dass früher die Eigentümer im Frühjahr ihre Felder umschritten, um Recht und Anspruch zu verdeutlichen. Bereits im Mittelalter standen diese Touren im Zeichen alkoholischer Getränke.

Anfang des 20. Jahrhunderts wurde in den USA ein Ehrentag für den Vater als Gegenstück zum Muttertag populär. Die Amerikanerin Louisa Dodd startete eine Aktion ab dem Jahr 1910, um ihrem Vater ein Denkmal zu setzen, der in den Sezessionskriegen im 19. Jahrhundert gekämpft hatte. Bereits 1924 stimmte der amerikanische Präsident einem Feiertag zu. 1974 legte Präsident Nixon diesen auf den dritten Sonntag im Juni.
In Deutschland bürgerte sich als Vatertag der Himmelfahrtstag ein, ohne zum offiziellen Feiertag ernannt worden zu sein. Die Ausflüge mit Alkoholgenuss werden oft auch *Männerpartien* genannt, womit der Vatertag dementsprechend als Männertag für Väter und Nichtväter offen ist. Der ursprüngliche Gedanke aus Amerika, dass Väter an ihre Pflichten erinnert und die Verbindungen zwischen Vätern und Kindern gefestigt werden sollen, ist damit vollkommen verschwunden.

Pfingsten – Mit einem Brausen vom Himmel

Sieben Wochen nach dem jüdischen Passahfest feierten die jüdischen Gemeinschaften lange vor dem Christentum das Erntedankfest zur Weizenernte *Chag Schabuot*. Zu diesem freudigen Fest, das auch daran erinnerte, dass Moses die Gesetze am Berg Sinai erhalten hatte, trafen sich die Jünger Christi. Sieben Wochen vorher war Christus gekreuzigt worden und auferstanden und neun Tage zuvor in den Himmel aufgefahren. Dabei hatte er versprochen, dass seine Jünger bald die Kraft des Heiligen Geistes empfangen würden. Während des Festes *Schabuot* spürten sie schließlich in einem himmlischen Brausen den Heiligen Geist.

Vermutlich seit den ersten christlichen Jahrhunderten wird Pfingsten in Rom als der Geburtstag der Kirche gefeiert, seit dem Mittelalter auch im deutschen Sprachraum. Der Zeitpunkt des Pfingstfestes berechnet sich nach dem Osterdatum, das fünfzig Tage zuvor stattfindet. Aus dem griechischen Wort *pentecoste*, das „fünfzigste" bedeutet, leitet sich der Name „Pfingsten" ab.

Die Kirche des Mittelalters setzte vier Festtage an. Die Ausgießung des Heiligen Geistes symbolisierten hölzerne Tauben, die im Gewölbe der Kirche über den Köpfen der Gläubigen schwebten, und niederfallende Rosenblätter. Früher wurde an Ostern und Pfingsten getauft. Nachdem sich die Taufe nach Ostern verschob, finden bis heute vorzugsweise an Pfingsten in den katholischen Gemeinden Firmungen und in den evangelischen Konfirmationen statt.

Die Taube

In der Bibel wird der Heilige Geist als Brausen beschrieben. Das Konzil in Nizäa legte die Taube als dessen Symbol fest, vermutlich weil zur Taufe Jesu beschrieben ist, dass der Geist wie eine Taube auf den Herrn herabkam.

Die Taube hat eine lange Geschichte in den vorchristlichen Religionen, besonders als Symbol verschiedener (Mutter-)Göttinnen. In Assyrien galt sie als Geburtsvogel und heiliges Tier der Göttin Ischtar, der Schutzgöttin

***„Und als der Tag der Pfingsten erfüllt war,
waren sie alle einmütig beieinander.
Und es geschah schnell ein Brausen vom Himmel
wie eines gewaltigen Windes
und erfüllte das ganze Haus, da sie saßen.
Und es erschienen ihnen Zungen zerteilt wie vom Feuer, und er setzte sich auf einen jeglichen unter ihnen;
und sie wurden alle voll des Heiligen Geistes
und fingen an zu predigen mit anderen Zungen,
nach dem der Geist ihnen gab auszusprechen."***

Apostelgeschichte des Lukas 2, 1–4
in der Übersetzung Luthers

VALENTINVS
ST. CORBINIANVS
ST. WILLIBALDVS

der Gebärenden. Perser nahmen Tauben mit in den Krieg und die Samariter beteten in Palästina eine Taube an. Die griechische Göttin Aphrodite fuhr auf einem von Tauben gezogenen Muschelwagen, in den ihr geweihten Tempelbezirken und denen der weiblichen Orakel lebten heilige Tauben. Im jüdischen Talmud ist die Taube das Sinnbild des Geistes Gottes, der über den Ur-Wassern schwebt.

Seit dem Konzil von Nizäa, vor allem seit dem Mittelalter, nahm die Taube als Teil der göttlichen Trinität in der christlichen Kunst als Motiv ihren festen Platz ein. Man findet sie in zahllosen Mosaiken und Bildwerken. Darüber hinaus erlangte sie auch Bedeutung als Symbol des getauften Christen oder des Märtyrers.

Brauchtum zur Pfingstzeit

Pfingsten erreichte als Fest nicht die Volkstümlichkeit wie Weihnachten oder Ostern. Ab dem 12. Jahrhundert bürgerten sich zahlreiche Heische- (= Bitt-)bräuche ein. Dabei verkleideten sich umherziehende Sänger als heidnische Figuren und baten um kleine Gaben. Heischebräuche sind vor fast allen großen Festen zu finden und haben unterschiedliche Ursprünge. Sie dienten dazu, auf Gaben angewiesene „Kirchenarbeiter" zu bezahlen, und wurden vielerorts auch von Bedürftigen oder Kindern genutzt. Die christliche Forschung sieht im pfingstlichen Heischebrauch den Sinn, die Menschen an ihre Barmherzigkeit zu erinnern.

Über Maria und Jesus schwebt der Heilige Geist in Form einer Taube. Neben ihnen knien Heilige und Kirchenväter. An Pfingsten wird der Geburtstag der christlichen Kirche gefeiert.

Aus den germanischen Kultfeuern, die während des Frühjahrs entzündet wurden und die Kraft des Sommers symbolisierten, entstand auch die Tradition der Pfingstfeuer. Hierbei handelt es sich ebenso um eine *interpretatio christiana*, bei der heidnische Bräuche umgedeutet und in das christliche Brauchtum aufgenommen wurden. Demnach symbolisieren Frühlingsfeuer zu Ostern die Auferstehung Jesu als Licht und zu Pfingsten das Wesen des Heiligen Geistes mit der Glut, die wärmen, aber auch vernichten kann.

Das Schmücken der Kirchen mit grünen Zweigen, den „Maien", geht ebenfalls auf alte Frühlingsbräuche zurück, denn das Grün steht für die Kraft des Sommers und des neu erwachten Lebens. Die Burschen des Dorfes steckten auch frische Maien an die Haustür eines verehrten Mädchens.

In manchen Regionen werden heute noch Pfingstbäume aufgestellt, die ähnlich wie der Maibaum mit bunten Bändern geschmückt werden. Zu ihren Füßen fand früher die Wahl eines Pfingstkönigs und der Pfingstkönigin statt.

Hoch zu Ross

Flurumritte und Reiterprozessionen sind zu Pfingsten üblich wie etwa der „Blutritt zu Weingarten", der seit dem 16. Jahrhundert in die Pfingstzeit fällt.

Nur Männer dürfen beim Blutritt im oberschwäbischen Weingarten mitreiten. In der Prozession wird die Heilig-Blut-Reliquie, eine Welfenstiftung aus dem Jahre 1094, verehrt. Die ersten Reiter tragen die Kirchenfahnen (oben). Fast 3000 Pferde mit prächtigen Geschirren nehmen mit Reitern in Frack, Zylinder und Schärpe (unten) teil.

1743 gründete sich die Bruderschaft der Blutreiter, die den Umritt seit 1849 am Freitag nach Himmelfahrt durchführen. Pilger, Geistliche und Gläubige der katholischen Gemeinden reiten in schwarzen Anzügen, farbigen Schärpen und mit Zylinder durch Weingarten und das Umland. Damit soll an das Blut erinnert werden, das Jesus am Kreuz vergossen hat. Im Kloster von Weingarten befindet sich eine der Blutreliquien, die in einem Doppelkreuz mit Gold und Edelsteinen verziert den Mittelpunkt der Prozession bildet.

Ein Priester trägt die Blutreliquie und reitet mit ihr durch die Flur zu vier Altären, an denen der Anfang aus den vier Evangelien gelesen wird und mit der Reliquie die Felder und die Natur gesegnet werden.

Reiterumritte und Pfingstfeiern hoch zu Ross gehen vermutlich auf die römischen Heerschauen zurück, die in den germanischen Provinzen am 1. Mai stattfanden und mit denen die Stärke des Heeres in Form einer Art Reiterparade demonstriert werden sollte.

Bei dieser Feierlichkeit werden etwa zehn Kilometer durch und um Weingarten zurückgelegt. Als Auftakt finden sich bereits am Abend von Christi Himmelfahrt Tausende von Pilgern zu einer Lichterprozession zusammen.

Fronleichnam – Ein Baldachin für die Monstranz

Das hohe katholische Fest Fronleichnam wurde 1264 durch Papst Urban IV. eingeführt und 1317 von Papst Johannes XXII. auf den zweiten Donnerstag nach Pfingsten gelegt. Es ist das „Hochfest des Leibes und Blutes Christi", wobei die Eucharistie als Opfer und Opferspeise (Kommunion) gefeiert wird.

Vom römisch-katholischen Standpunkt aus gesehen, gehört das Fest zum Osterfestkreis und wurde an dessen Ende gelegt. Der Name „Fronleichnam" geht auf mittelhochdeutsch *vrône lîchnam* zurück und bedeutet „des Herren Leib".

Das Fest selbst hat seinen Ursprung im *Blutwunder von Bolsena*, wo die Gebeine der heiligen Christina von Bolsena sowie eine Basaltplatte mit ihren Fußabdrücken liegen. Christina lebte im dritten nachchristlichen Jahrhundert in der römischen Stadt und hatte sich zum Christentum bekehrt. Ihr Vater und die Obrigkeit unterzogen sie einer Reihe von Folterungen und Verbrennungen, die sie aufgrund ihres Glaubens unversehrt überstanden haben soll. Seit ihrem gewaltsamen Tod werden ihre Gebeine als Reliquien verehrt.

Nach der Überlieferung feierte der böhmische Priester Peter von Prag während seiner Pilgerfahrt nach Rom im Jahre 1263 in der Kirche der Christina von Bolsena eine Messe. Inmitten der Eucharistie habe er

Fronleichnamsprozession in Tirol

Vorneweg wird ein Kreuz getragen, dann die Standbilder des Schutzengels und des guten Hirten, anschließend folgen die verheirateten Männer mit dem Schutzbild ihres Patrons, des heiligen Josephs. Ein Knabe stellt den heiligen Isidor dar. Ihm folgen die Zünfte mit den Kirchenfahnen nach. Die Kranzjungfrauen sind ganz in Weiß gekleidet, anschließend kommen die Schützen in Tracht. Nach der Kirchenmusik folgt das Allerheiligste, vom Pfarrer unter dem Baldachin getragen, der eigentlich für Königinnen und Könige gedacht ist. Weiß gekleidete Mädchen und Ministranten mit Schellen umgeben den Aufzug. Nach einer Skizze von U. Härtling, Stich aus dem 19. Jahrhundert.

an der Verwandlung von Brot und Wein in den Leib und das Blut Christi gezweifelt, woraufhin Blut von der Hostie getropft sein soll. Dies gab den Ausschlag für eine erste Fronleichnamsprozession, die bereits ein Jahr später stattfand.

Als ein weiterer Ursprung des Festes gilt die Vision der heiligen Juliana von Lüttich, die Anfang des 13. Jahrhunderts als Nonne und Priorin im belgischen Kloster Mont Cornillon lebte. Nach ihren Visionen, die sich auf die Eucharistie bezogen, wurde ab 1246 erstmals in Lüttich ein Fest zu Ehren der Eucharistie gefeiert. Papst Urban IV., der dort vorher als Diakon tätig war, führte das Fest 1264 schließlich für die gesamte römisch-katholische Kirche an einem Donnerstag ein, da die Einsetzung der Eucharistie und das eigentliche Abendmahl auch am Gründonnerstag stattgefunden haben sollen.

Nach dem Konzil von Trient (1545 bis 1563), der vorangegangenen Reformation und der nun eingeläuteten Gegenreformation entwickelte sich das Fest zu einer Demonstration des katholischen Glaubens.

Luther bemängelte an Fronleichnam die fehlende biblische Begründung. Das Fest war vom Konzil von Trient festgesetzt worden und als autoritäre Manifestation kirchlicher Macht anzusehen.

Die Prozession

Im Volk wurde dieser Festtag durch prächtige Prozessionen verankert, an denen auf dem Land oft die gesamte Bevölkerung teilnimmt. Auch auf Seen und Flüssen, wie etwa auf dem bayerischen Chiemsee oder dem Staffelsee, werden bis heute Schiffsprozessionen durchgeführt.

Während des Umzugs trägt der Priester die Hostie in der Monstranz zur Schau, einem liturgischen Gefäß, das sich im Zuge der Fronleichnamsprozessionen entwickelte. Die geweihte Hostie wird dabei als reale Anwesenheit Christi verstanden. Er nimmt in Gestalt der Hostie an der Prozession teil, ihm folgen sinnbildlich auch die Gläubigen nach. In den Zug reihen sich die Geistlichen, Ministranten und, nach Zünften geordnet, mit Uniformen und festlich geschmückten Gewändern die Gemeindemitglieder ein, die Kirchenfahnen und Kreuz tragen. Um das „Prangen", die Pracht des Zuges, zu unterstreichen, werden Lieder gesungen. An verschiedenen Altären im Freien beten die Gläubigen Fürbitten, anschließend segnet der Pfarrer die Fluren.

Prozession an Fronleichnam in Oberbayern mit einem goldenen Baldachin über der Monstranz. In den Zug reiht sich die singende Gemeinde ein. Vielerorts wird ein Blumenteppich in kunstvollen Mustern gestreut. Auf ihm schreitet der Priester mit der Hostie, die Gemeinde läuft nebenher. Hintergrund ist vermutlich der, dass das Göttliche nicht auf der blanken Erde wandeln soll.

Sommersonnenwende und Johannisfeuer – Feuersprung und Orakelsprüche

Schon Germanen und Kelten feierten die Sommersonnenwende, die heute auf die Nacht vom 21. zum 22. Juni fällt. Wenn die Sonne im jährlichen Lauf ihren höchsten Stand erreicht und auf der nördlichen Hemisphäre der längste Tag herrscht, beginnt der kalendarische Sommer. Aus diesem Anlass sollen die Menschen aus vorchristlicher Zeit große Feuer angezündet haben, vermutlich zu Ehren der Sonne, der in vielen Kulturen ein Hoch-Gott oder eine Göttin zugeordnet wurde.

Das aufkommende Christentum versuchte auch diesen Volksbrauch zu unterdrücken, blieb aber erfolglos. So legte die Kirche das Geburtsfest des Johannes auf den 24. Juni, integrierte den Feuerbrauch und deutete ihn in das Johannisfeuer um. Den christlichen Hintergrund liefern die Worte Jesu über Johannes, den Täufer: „Er war ein brennend und scheinend Licht; ihr aber wollet eine kleine Weile fröhlich sein in seinem Lichte.“ Der brennende Holzstoß, der am Abend entzündet wird, ist nun Symbol für die Sonne, für Christus und für Johannes.

Im Volk entwickelten sich auch mit dem Johannisfeuer eine Reihe von Bräuchen, die den Anwesenden als Orakel für die Zukunft dienen sollten. Seit dem Mittelalter versammelte sich vor allem die Jugend an den Plätzen in der Natur, an denen die Holzstöße langsam niederbrannten. Paare fassten sich dann an den Händen und sprangen darüber. Der Sprung sollte Gesundheit bringen und in die Zukunft schauen lassen.

„Ist die Milchstraße klar zu sehn, bleibt das Wetter schön.“

Bauernregel an Sonnenwend

„Vor dem Johannistag man Gerst' und Hafer nicht loben mag.“

Bauernregel

Johannisfeuer am Ufer des Lechs, veranstaltet und kontrolliert von der dortigen Feuerwehr.

Gelang es nämlich einem Liebespaar, seine Hände während des Sprunges festzuhalten, galt als sicher, dass bald die Heirat folgen und ihnen ein gutes Leben bevorstehen würde. Ein umgebundener Gürtel aus Kräutern nahm das künftige Unheil auf und wurde nach dem Sprung ins Feuer geworfen und vernichtet. Auch Unkräuter kamen symbolisch ins Feuer, damit sie nicht auf den Feldern wucherten.

Früher feierten die jungen Menschen genau bis Mitternacht, um anschließend den Hexen und Dämonen die

Am St. Johannistag:

Nach einer Originalskizze von G. Knapp:
1. Johannisfeier in Thüringen
2. Wettwerfen der Mädchen in Westfalen

Nacht zu überlassen. Der 24. Juni teilt das Kirchenjahr ich zwei Hälften, weshalb sich dieses Datum zu allerhand abergläubischen Praktiken eignet: vom Feuersprung über Orakelsprüche bis hin zum Wünschelsamen, dem eine zauberkräftige Wirkung zugeschrieben wird. Die kürzeste Nacht zog wie alle besonderen Nächte demnach auch Hexen, Dämonen und Geister an, die eine wilde Jagd durch die Dörfer und Flure veranstalteten. Johanniskränze aus sieben oder neun verschiedenen Kräutern an den Türen und Fenstern sollten sie abhalten, Unheil anzurichten. Ein Strauß aus Kräutern unter das Kopfkissen gelegt brachte Glück. Das Scheibenschlagen, das in der Fastnacht- und Fastenzeit in den Bergen üblich war (Seite 24), wird in vielen Regionen noch heute von der Dorfjugend an Johannis praktiziert. Dabei wird eine große Holzscheibe entzündet und ins Tal gerollt, dass die Funken sprühen, was dem Dorf Glück und Segen bringen soll. Zum gleichen Zweck werden brennende Holzwagen von den Bergen in die Täler geschickt. Auch der Johannisbaum, ein Baum oder Stamm ähnlich dem Maibaum und in Schweden als Mittsommerstange bekannt, wird noch heute in vielen Orten mit Bändern geschmückt und aufgestellt.

Im 20. Jahrhundert nutzten die Nationalsozialisten die Sommersonnenwende als idealisierten germanischen Kult für ihre Propaganda aus. Zahlreiche nationalistische Gruppierungen veranstalten noch heute Feiern aus diesem Anlass.

Siebenschläfer – Sieben Wochen Regen

Am 27. Juni entscheidet sich der Sommer. Wie an diesem Tag das Wetter ist, wird es in den folgenden Wochen bleiben, behauptet eine Bauernregel. Seit Jahrhunderten sehen die Menschen „Siebenschläfer" mit Bangen entgegen. Ein verregneter Sommer legt sich nicht nur auf das Gemüt, sondern bedeutet vor allem Ernteeinbußen.

Da den Bauern früher noch kein Wetterdienst zur Verfügung stand, beobachteten sie die Verhältnisse genau und machten Tage, die in der Vergangenheit einen Scheidepunkt markierten, am liturgischen Kalender fest. Ein wiederholt zu beobachtendes Wetterphänomen trat Ende Juni auf: Regnete es dann, vor allem am „Siebenschläfertag", sollte das Wetter die nächsten Wochen so bleiben. Dass die Bauern mit ihrer Regel nicht zu falsch lagen, beweist die Statistik. Zu fast siebzig Prozent erweist sich der Grundsatz als richtig. Eine Erklärung dafür liefert die Meteorologie: Ende Juni treffen Warmluft aus dem Süden und Kaltluft aus dem Norden aufeinander. Die Position dieser Wetterfront ist entscheidend für den Verlauf des Sommers. Je nördlicher, desto wärmer für Mitteleuropa, je südlicher, desto regnerischer und kälter.

Seinen Namen erhielt der Siebenschläfer aber nicht von dem haselmausähnlichen Nagetier, das sieben Monate lang in Winterschlaf fällt, sondern von einer Kirchenlegende um sieben fromme Brüder. Die Legende berichtet, dass im Jahre 251 die sieben Brüder mit den lateinisierten Namen Maximianus, Malchus, Martinianus, Constantinus, Dionysius, Johannes und Serapion vor der Verfolgung unter Kaiser Decius in eine Höhle im Berg Kalion bei Ephesos flüchteten. Dort schliefen sie ein

In einem Berg bei Ephesos, vermutlich einem der abgebildeten Hügel (oben und Folgeseite), sollen die sieben Brüder geschlafen haben. Vom großen Theater in Ephesos führte die Hafenstraße (im Bild rechts), die Arkadiane, an den Bergen entlang zum Meer. Heute ist der Hafen mehrere Kilometer entfernt und die alte Zufahrt mit Wiesen und Sümpfen verlandet.

> ***„Regnet es am Siebenschläfertag, regnet es noch sieben Wochen danach."***
>
> Bauernregel

und wurden – versehentlich oder mit Absicht – eingemauert. Als Bauern durch Zufall 195 Jahre später (es heißt am 27. Juni) 446 die Höhle entdeckten und öffneten, sollen die Brüder erwacht sein. Nach der Legende ging

einer der Männer zum Brotkaufen in die nun für ihn völlig veränderte Stadt und bezahlte mit einer Münze, die das Bild von Kaiser Decius trug. Der Bischof und selbst Kaiser Theodosius II. sollen daraufhin herbeigeeilt sein, um sich das Wunder anzusehen. Die sieben Brüder starben alsbald – von einem Heiligenschein umgeben.

Die katholische Kirche wählte sich als den Gedenktag für die sieben Brüder den 27. Juni, die orthodoxe den 4. August. Ähnliche Legenden gibt es ebenfalls im türkischen Tarsus sowie im Buddhismus.

Die Heiligen gelten als Patrone gegen Fieber und Schlaflosigkeit. Linderung kann nach dem Volksglauben bereits erzielt werden, wenn die Namen der Sieben auf einen Zettel notiert und unters Kopfkissen gelegt werden.

Bis heute ist der Tag vor allem als Wetterscheide im Volk bekannt. Der 27. Juni konnte während der Zeit des julianischen Kalenders, also zwischen seiner Übernahme im abendländischen Raum bis zur Reform durch Papst Gregor XIII. im Jahre 1582, allerdings nicht an einem Datum festgemacht werden. Da das julianische Jahr um 0,0078 Tage zu lang ist, hatte sich der Tag über die Jahrhunderte um etwa 10 Tage auf den heutigen 7. Juli vorgeschoben. Der gregorianische Kalender strich die zehn überzähligen Tage bei seiner Einführung. Das ausschlaggebende Datum der Bauernregel ist heute also zwischen Ende Juni und Anfang Juli zu suchen.

Mariä Himmelfahrt – In den Himmel aufgenommen

Am 15. August feiert die katholische Kirche die Aufnahme der Mutter Jesu, Maria, in den Himmel mit dem Hochfest „Mariä Himmelfahrt".

Seit den Anfängen des Christentums im Osten und etwa seit dem 7. Jahrhundert im Westen erfuhr Maria in zahlreichen Festen Verehrung. Im Jahre 813 kam „Mariä Himmelfahrt" nach Deutschland. 1950 dogmatisierte Papst Pius XII. die „ganzmenschliche Aufnahme Mariens in den Himmel", das heißt, nicht nur ihre Seele, sondern auch ihr Körper gingen nun nach der Lehre der Christen in den Himmel ein. Bei der Aufnahme blieben ihre Kleider zurück, die heute als Reliquien in Trier, Aachen und Prato gezeigt werden.

Maria soll nach dem Tod ihres Sohnes Jesus in Ephesos gelebt haben, gemeinsam mit dem Apostel Johannes, der hier Teile des Evangeliums niederschrieb. Nach der Legende entschwebte Marias Körper umgeben von Licht in den Himmel. Andere Erzählungen berichten, dass die Jünger, die Marias Grab öffneten, nicht sie vorfanden, sondern Kräuter. Maria wurde in der Geschichte immer wieder symbolisch als Blume oder Lilie bezeichnet. Dieser Symbolismus führte vermutlich von der Allegorie zur Kräuterweihe. Die zu einem Strauß gebundenen geweihten Kräuter werden aufbewahrt. Sie sollen vor Krankheiten schützen und Segen bringen.

Kräuterbuschen aus dem Garten der Dominikanerinnen (links eine Nonne) für die Kräuterweihe in der Kirche.

Die Kräuterweihe

In vielen Gemeinden Bayerns ist die Kräuterweihe ein zentraler Punkt des Festes. Ihr Ursprung hängt eng mit dem Volksglauben zusammen. Seit alters her spielen Kräuter in der Medizin eine wichtige Rolle. Aufgrund ihrer Heilwirkung wurden ihnen Zauberkräfte nachgesagt, die vor Geistern und Unheil schützen und den Menschen helfen. Viele dieser Kräuter wie die Tollkirsche oder das Johannis- und Bilsenkraut galten im Volksglauben als die Lieblingsspeisen der Hexen und Geister. Bestimmte Rituale beim Sammeln und Trocknen, so glaubten die Menschen, sorgten dafür, dass die Kräuter positiv wirkten.

Ab dem 8. Jahrhundert nahm sich die Kirche dem Schutz der Kräuter an und integrierte die Kräuterweihe in Mariä Himmelfahrt, das auch als „Großer Frauentag" gefeiert wird. Maria ist die Schutzpatronin aller Frauen, weshalb die Kräuterbuschen von Frauen gepflückt, gebunden und am Altar niedergelegt werden, wo sie der Priester weiht. In der Zusammensetzung und im Binden der Kräuterbuschen greift jede Region auf eigene Regeln zurück. Meist bilden siebener- oder neunerlei Kräuter einen Buschen oder ein Wurzbüschel, denn die richtige Anzahl der Pflanzen soll ihre Wirkung erhöhen. Dabei fand auch die magische Sieben Eingang in die christliche Mystik. Die Sieben steht hier als Symbol für die sieben Sakramente oder die sieben Schmerzen Mariens. Ein Strauß mit zweimal sieben Kräutern, also 77, ist demnach noch wirksamer. Er kann Königskerze, Thymian, Johanniskraut, Meisterwurz, Scharfgarbe, Baldrian und Basilikum, Arnika und Tausendgüldenkraut enthalten, ebenso Wermut, Rainfarn, Eisenkraut, Kamille, Alant, Spitzwegerich, Wegwarte, Melisse, Beinwell, Mohn, Schwalbenwurz, Schildkraut, Klee, verschiedene Wiesenblumen oder auch Getreidearten sowie Holunder oder Haselnuss.

> ***„Gibt's an Mariä Himmelfahrt Sonnenschein,***
> ***bringt meistens uns viel guten Wein."***
>
> Bauernregel

Die Heilkräuter besitzen zudem besondere Kraft zwischen Mariä Himmelfahrt am 15. August und ihrem Geburtstag am 8. September. Nach der Weihe werden die Sträuße zu Hause über die Wohnzimmertür gehängt oder erfüllen bis heute viele nützliche Zwecke: Sie verstärken den Segen im Haus, helfen als Tee getrunken bei Krankheit, vertreiben an Stalltüren und Fenstern die Geister während der Rau- und anderer dämonischer Nächte oder schützen bei Gewitter, wenn sie währenddessen im Ofen verbrannt werden.

Maria mit dem Kind auf einer orthodoxen Ikone (rechts).

ΜΡ
ΘΥ
IC
XC

Jahrmarkt und Oktoberfest – „O'zapft is'!“

Das Oktoberfest, das seit 1810 in München gefeiert wird, ist heute das größte Volksfest der Welt. Es geht zurück auf die Idee eines Lohnkutschers und Mitglieds der bayerischen Nationalgarde, anlässlich der Hochzeit des Kronprinzen Ludwig von Bayern mit Prinzessin Therese von Sachsen-Hildburghausen ein Pferderennen zu veranstalten.

Die Idee kam bei König Max I. gut an, sodass wenige Tage nach der Hochzeit schließlich am 17. Oktober durch die Nationalgarde auf einer Wiese am Stadtrand zum ersten Mal der Startschuss fiel. Der Erfolg versprach, das Fest im folgenden Jahr für das Volk zu wiederholen. Zunächst übernahm der landwirtschaftliche Verein die Ausrichtung und hielt zusätzlich ein Landwirtschaftsfest ab, das auch heute noch alle drei Jahre stattfindet. Ab 1819 nahm die Stadt die Ausrichtung der Wies'n in die Hand, die von Jahr zu Jahr wuchs. 1850 wurde die Wächterin der Anlage, die Bronzefigur „Bavaria“, enthüllt. Während anfangs Bierbuden und Karussells das Volksfest bestimmten, kam etwa 70 Jahre später das Gewerbe der Schausteller dazu. 1880 zog der elektrische Strom ein, 1881 eröffnete die Hendlbraterei ihre Pforten, 1892 ersetzte die Glasmaß den Bierkrug, 1896 starteten die großen Bierzelte. Damals zogen die Wirte erst zum Beginn zur Wies'n hinaus, und während jetzt der Aufbau bereits Wochen vor dem Oktoberfest anläuft, blieb die Tradition mit dem Einzug der Wies'nwirte am Samstagmorgen erhalten. Seit 1950 eröffnet der Münchener Oberbürgermeister die Wies'n nach dem traditionellen Anzapfen des ersten Bierfasses mit dem Spruch: „O'zapft is'!“

Das Oktoberfest fand seitdem durchweg mit nur kurzen Unterbrechungen statt: so z. B. 1870 aufgrund des deutsch-französischen Krieges, 1873 wegen einer Cholera-Epidemie, während der Weltkriege 1914 bis 1918 sowie 1939 bis 1945. Millionen Menschen aus aller Welt besuchten seitdem das Fest, das trotz seines Namens bereits im September beginnt. Früher fand es über einen kürzeren Zeitraum statt und klang am ersten Oktoberwochenende aus. Nachdem sich die Dauer auf 16 Tage verlängerte, startet es nun bereits im milderen September und endet traditionell am ersten Sonntag im Oktober.

Bis zu 7 Millionen Feierlustige zieht das Oktoberfest jedes Jahr an, die zwischen 50 und 60 Tausend Hektoliter Bier trinken, etwa 90 Tausend Kubikmeter Wasser verbrauchen – und während des Feierns mehr als 4000 Gegenstände verlieren, die beim wieseneigenen Fundbüro eingehen.

Traditionelles und Modernes

Auf dem Oktoberfest stehen neben den modernsten Hightechanlagen

Parade zur Eröffnung des Oktoberfestes 2014 mit Pferdekutschen und Musikkapellen.

Zwischen Sommer und Herbst finden in zahlreichen Städten Jahrmärkte mit modernen und traditionellen Fahrgeschäften statt. Das wohl bekannteste und größte Volksfest ist das Oktoberfest in München.

Auf jedem Jahrmarkt war früher die Schiffschaukel, wie hier auf einem Stich aus dem 19. Jahrhundert, zu finden.

auch die ältesten Buden der Schausteller. In den Anfängen amüsierten sich die Besucher mit einfachen Spielen wie Würstlschnappen, Schubkarrenrennen und Sacklaufen. Beim Baumsteigen konnten sich die Burschen, die den geschälten Stamm am schnellsten hinaufkletterten, oben kleine Preise aussuchen. Heute stehen insgesamt bis zu 170 Fahrgeschäfte für das Amüsement bereit. Zu den Klassikern gehören der Flohzirkus, das Teufelsrad, die Krinoline, das älteste Karussell, und das Riesenrad, das die Silhouette der „Wies'n" bestimmt. Seit 1816 ist auch der „Glückshafen" dabei, eine Losbude, die aus dem Gedanken der Wohltätigkeit gegenüber den Armen heraus entstand. Die Papierlose der Lotterie versprachen den Gewinnern Silber, Porzellan und Schmuck, ebenso wie Strümpfe, Pfeifenköpfe oder Trostpreise. Der Erlös kam den Landleuten zugute. Um das Brauchtum zu pflegen, gehört zum Oktoberfest auch der traditionelle Trachtenumzug, bei dem 7500 Mitwirkende in den Trachten der Zünfte und Ortschaften durch die Stadt zur Theresienwiese ziehen.

Den Großteil des Festes nehmen die Fest- und Bierzelte der Münchener Brauereien ein. Mit ihren ganz eigenen Ausstattungen versprühen sie den besonderen Münchener bzw. Wies'n-Charme

Auch präsentieren sich neben modernsten Fahrgeschäften in jedem Jahr spektakuläre Neuheiten auf dem Festgelände an der Theresienwiese. Allein etwa 20 Fahrgeschäfte sind speziell für Kinder zu finden.

Erntedank –
Dank an die Natur

Früher bestimmte die Ernte das Leben. Je reichlicher sie ausfiel, desto weniger mussten die Menschen den langen kargen Winter über darben. Zum Dank für die Früchte des Feldes brachten sie ihren Göttern Opfer dar. Mit der Christianisierung galt dieser Dank nun Gott. Ab dem 18. Jahrhundert wurde die Erntedankfeier in die Liturgie des Gottesdienstes aufgenommen.

> ***„Schaffst du im September nichts in den Keller, blickst du im Winter auf leere Teller."***
>
> Bauernweisheit

Bis Anfang des zwanzigsten Jahrhunderts konnte jede Gemeinde den Zeitpunkt nach ihren Ernteterminen selbst wählen. Im nationalsozialistischen Deutschland wurde dann das Datum auf den ersten Sonntag im Oktober gelegt und 1972 von der Bischofskonferenz bestätigt. Die evangelische Kirche begeht Erntedank am 29. September oder an einem der benachbarten Sonntage.

Für den Gottesdienst schmückt die Gemeinde den Altar mit Erntegaben, Früchten und Getreideähren. Eine Erntekrone, die aus allen Getreidearten geflochten wird, hängt oder steht im Altarraum. In Süddeutschland ist auch ein Erntekranz üblich, der über der Kanzel hängt. Während des Dankgottesdienstes wird in vielen Orten zu Hilfsaktionen für hungernde Menschen in anderen Regionen der Welt aufgerufen. Früher weihte die Gemeinde aus Dank oftmals zeitgleich die Kirche am Ort, wodurch Erntedank und Kirmes gemeinsam stattfanden.

Zu Beginn und zum Abschluss der Ernte bildeten sich über die Jahrhunderte eine Reihe von Bräuchen heraus. Bis vor wenigen Jahren war es üblich, die Erntewerkzeuge zu

In allen christlichen Kirchen wird Erntedank mit zahlreichem Schmuck gefeiert: eine Erntekrone (links) und aufwändige Arrangements aus Feldfrüchten und Getreidearten (rechts oben und Seite 82).

segnen, die Erntewagen aufwändig zu schmücken und während des Einbringens leise und ohne Streit zu arbeiten. Eine Erntepuppe aus Strohgarben blieb auf dem Feld zurück oder kam mit zum Erntefest, das die Bauern nach der Getreideernte feierten. Für diesen Anlass wurde auf großen Gütern Erntebier gebraut, gemeinsam das Erntemahl verzehrt und anschließend zum Tanz aufgespielt.

Almabtrieb

In der Alpenregion entstand ein dem Erntefest angelehnter Brauch: der Almabtrieb. Die festlich geschmückten und bekränzten Kühe ziehen im September von der Alm, wo sie den Sommer auf den Bergwiesen mit Sennerinnen und Sennern verbrachten.

Oben: Vor dem Erntefest. *Nach einem Gemälde von L. Blume-Siebert.*

Im Tal gehen sie zurück an ihren Besitzer, während der Hirte laut den Namen ruft. Dies hieß auch „Viehscheid", weil das Vieh vom Hirten Abschied nahm. Gleichzeitig fand der Viehmarkt statt, woraus sich weitere Märkte entwickelten, die sich zu Volksfesten und Jahrmärkten ausweiteten. Bis heute leiten sich eine Reihe von Volksfesten, die über den Herbst verteilt sind, aus den Viehmärkten her.

Kirchweih, Kirmes – Mit Tänzen und Festschmaus

Die meisten Kirchweihfeste fallen in den Herbst. Denn aus Dankbarkeit für die Ernte weihte die Gemeinde oftmals zum Erntefest ihre Kirche. Kirchweihen sind der eigentliche Geburtstag der Gotteshäuser und waren in den vergangenen Jahrhunderten der Anlass, ein großes Dorf- und Verwandtschaftsfest zu feiern.

Unten: Wurstkirmes in Vogelsberg. *Zu jeder Kirmes gehörten Wettkämpfe. Es wurde zum Tanz aufgespielt und am Montagmorgen holten die Burschen die Mädchen zum Tanz ab. Radierung nach einer Originalskizze von Louis Mößer aus der Zeitschrift „Illustrirte Chronik der Zeit" aus dem Jahre 1885.*

Oben: Die Volksfeste sind mit ihren hochmodernen Attraktionen beliebter denn je.

Neben dem Erntedank fielen die Weihetage auch auf andere wichtige Daten wie zum Beispiel auf den Tag des Kirchenpatrons, durften jedoch nicht in den großen Fasten- und Vorbereitungskreisen liegen. Ab dem Mittelalter bürgerte sich dann die Herbstzeit ein und zur eigentlichen Kirchweih kam das ausgelassene Volksvergnügen dazu. Zwischen August und Ende Oktober feierte die Bevölkerung von Sonntag nach dem Gottesdienst über den Montag bis zum Dienstag die „Kirmes". Dabei wurde die Gelegenheit genutzt, um die Verwandtschaft zu besuchen, die für reichliche Bewirtung sorgte. Tanzveranstaltungen und daraus entstandene Jahrmärkte machten die Tage zu einem Volksfest. Je nach Region verbreiteten sich für die Kirchweih ganz unterschiedliche Bezeichnungen wie *Kirmes*, *Kerb* oder *Kirta*.

Um das ausgelassene Treiben im Herbst etwas einzuschränken, weil manche Burschen nur noch von Fest zu Fest zogen und nicht mehr arbeiteten, wurde der Tag der Kirchweih in einigen Regionen bereits im 19. Jahrhundert auf ein festes Wochenende im Herbst gelegt. Bayern bestimmte

Die Kirchweih in Groß-Hesselohe

1. Extrazug nach Groß-Hesselohe
2. Sturm auf die Bierschenke: 26 Pfennig pro Liter
3. Verteilung des Proviants
4. Ein Stelldichein
5. Volksfest im Walde
6. Auf dem Tanzplatze
7. Der Groß-Hesselloher Wald am Morgen nach dem Feste

Nach einer Originalzeichnung von Heine entstandene Radierung von 1884. Heute wird die Kirmes kaum noch wie früher (rechts) gefeiert.

1. Ein Extrazug nach Groß-Hesselohe.

2. Sturm auf eine Bierschenke.

ertheilung des Proviants.

. Ein Stelldichein.

5. Volksfest im Walde.

6. Auf dem Tanzplatze.

7. Der Groß-Hesselloher Wald am Morgen nach dem Feste.

dafür den dritten Sonntag im Oktober. Lange hielt sich die Tradition, die eingetroffenen Gäste am Sonntag ausgiebig zu bewirten – vor allem mit teuren Braten. Im Alltag kamen Fleisch und Geflügel selten zum Eigenverzehr auf den Tisch. Schweine dienten dem Wintervorrat und Geflügel war Zahlungsmittel bei der Naturalpacht der Bauern an den Gutsherrn, weshalb die Gans als „Festtagsbraten" galt, was bis heute noch der Fall ist.

Üblich waren auch die zahlreichen Kuchen, die aus den Früchten der Saison von Pflaumen-/Zwetschgen- oder Apfel- bis hin zu Eier-, Rosinen-, Schmand- oder Käse-/Quarkkuchen in Stücken aufgetürmt auf der Kaffeetafel standen.

An manchen Orten ging es am Sonntag anschließend auf den Dorfplatz zum Tanz oder in eine Tenne. In anderen Regionen wurde erst am Montag zum Tanz aufgespielt, manchmal im Hauseingang oder auf dem Heuboden eines Bauern mit der Ziehharmonika, später beim Dorfgastwirt.

Spiele von Wettschießen bis Ringen, Klettern am Kirmesbaum oder eigene lokal ausgeführte Wettkämpfe waren üblich. Alle Vergnügungen endeten um Mitternacht.

Im 20. Jahrhundert trennte sich die traditionelle Kirchweih vom Volksfest, das auf einen anderen Zeitpunkt verlegt wurde. Heute hat das Fest seine ursprüngliche Bedeutung fast vollständig abgelegt.

Schwäbische Kirchweih – *Beim Dorfgastwirt oder Bauern, auf dem Tanzboden oder der Tenne wurde zwei Tage lang zum Tanz aufgespielt. Nach einem Gemälde von Heinrich Schaumann aus dem Jahre 1861.*

Weinfest und Weinlese – Im Oktober, wenn die Trauben süß und reif …

Der Wein spielt in der Kulturgeschichte der Menschen seit Jahrtausenden eine wichtige Rolle. Bei religiösen Zeremonien, familiären und auch beruflichen Feiern, zum Essen und in Gesellschaft wird auch heute Wein getrunken. Sein Anbau und die Gewinnung brachten den Weinregionen einen gewissen Reichtum, den sie mit der Weinlese dankbar feierten.

Die Herstellung von Wein geht auf die Ägypter zurück. Die Griechen kannten den Weinbau vor 1000 v. Chr. und verbreiteten ihn im ganzen Mittelmeerraum. Nach der Unterwerfung Galliens führten die Römer den Weinbau zur Versorgung ihrer Truppen in Burgund und Britannien, wohl auch an Rhein und Mosel in Pannonien ein. In Deutschland gedeiht der Wein in den geschützteren und wärmeren Regionen; die besten Weinbaugebiete liegen am Rhein (Rheingauer, Rheinhessische und Rheinpfälzer Weine), an der Ahr (Ahrweine), an der Mosel, Ruwer und Saar (Moselweine) sowie in der Pfalz (Rheinpfälzer Weine), in Franken (Frankenweine), in Baden-Württemberg (Badische, Württembergische Weine), an der Elbe (Meißen), an der Saale, der Unstrut, um Naumburg und Freiburg sowie an der Bergstraße.

Die Weinlese

Der Weinstock kann an Spalieren, Bäumen und Geländern gezogen werden. So gestaltet sich das Traubensammeln allerdings als sehr beschwerlich. Trotzdem war es vor allem in der Vergangenheit üblich, dass die gesamte Familie beim Lesen half und die Ernte als Freudenfest mit allerlei Bräuchen zelebrierte. Die Trauben wurden in große Holzfässer geschüttet und dort mit nackten Füßen ausgetreten. Diese Fuhrfässer kamen auf mit Girlanden geschmückte Wagen. Auf dem vorderen Fass steckte der „Weinhansl", eine aus Rebholz und Stroh gefertigte Puppe. Auf dem nächsten Fass nahmen Musikanten Platz, die Märsche oder Tänze aufspielten. Zwei Stiere vor dem ersten Karren zogen die Prozession, die von der gesamten Winzergesellschaft mit lautem Jubel am Wegesrand begleitet wurde. Bei ausgezeichneter Ernte liefen einige Buben mit jungem Wein in Krügen und Gläsern am Zuge entlang und ließen die Stehenden und Staunenden gratis vom Rebensaft kosten.

Weinlese in Tirol. Stich aus dem Jahre 1884 nach einer Originalskizze von G. Knapp. Das Standbild des heiligen Urban, des Schutzpatrons der Winzer, das sich in Kirchen oder an Weinbergswegen befand, verzierten und bekränzten die Winzerinnen während der Zeit der Weinlese mit Rebengebinden und Weintrauben. Fiel die Ernte reichlich aus, so gaben sich auch die Winzer großzügig und spendeten ihrem Heiligen mehr als in mageren Jahren.

Die Weinlese

Das Ernten der Trauben, das auch *Traubenlese* oder *Herbsten* heißt, stellt den Höhepunkt des Weinjahres dar. Je nach Wetterlage der vergangenen Monate reifen die Trauben heran, die als Grundlage für einen mehr oder weniger guten Wein und damit für das Einkommen des Winzers ausschlaggebend sind. Bis vor wenigen Jahrzehnten wurden die Trauben in allen Regionen in mühsamer Handarbeit geerntet. Im Oktober zogen die Winzerinnen und Winzer über die Hänge und pflückten die Trauben mit Scheren und Messern in große Reisigkörbe, die Butten, die sie auf dem Rücken trugen und die gut gefüllt einiges an Gewicht aufweisen konnten. In schwerer Arbeit wurde Butte um Butte auf den Wagen geleert und Weinberg um Weinberg in wenigen Tagen abgeerntet. Heute übernehmen meistens Spezialmaschinen die Traubenlese, die alle Trauben schnell vom Weinstock abtrennen.

Städtische und lokale Winzerfeste

Sicher wurde auch früher schon die Weinernte gefeiert. Die heute üblichen Winzerfeste in den bekannten Weinlagen Deutschlands kamen aber erst im 19. Jahrhundert auf. Im ersten Drittel des 20. Jahrhunderts gaben bald alle größeren Winzergemeinden ein Fest, nach dem Zweiten Weltkrieg auch alle kleineren. Das Weinfest selbst entstand allerdings aus einer ökonomischen Krisensituation heraus.

Weinlese am Rhein. Nach einem Ölgemälde von W. Kels. Stich aus dem 19. Jahrhundert.

Weine werden in Fässern und Flaschen gelagert. Alte Weine erreichen je nach Qualität einen hohen Preis.

Da Wein heute für jeden erschwinglich ist, erhöhte sich der Weinkonsum in den letzten Jahrzehnten um ein Vielfaches.

Bereits einhundert Jahre vorher belasteten Missernten und Steuern die Winzer und brachten sie an den Rand ihrer Existenz. Die Winzer stürmten die Rathäuser und verlangten Steuererleichterungen. Aus dieser Situation heraus kamen viele Gemeinden auf die Idee, den Absatz durch ein Fest zu heben, das dem Wein gewidmet sei.

Der Ablauf ist bei allen Weinfesten gleich: Zu Beginn steht die Weinprobe oder der Anstich des Weinfasses. Dann wird die Weinkönigin oder -prinzessin gewählt. Das Fest gipfelt in einem Umzug, der jährlich unter einem anderen Motto steht. Manche Festzüge werden auch als historische oder Erntedankumzüge deklariert. Wichtigster ökonomischer Faktor ist der Weinausschank in den kleinen Bretterbuden. Bekannt sind die Weinfeste in Edenkoben in der Pfalz, in Braubach am Rhein, der Heilbronner Herbst, der Fellbacher Herbst, der Bergsträßer und der Mainzer Weinmarkt, das Winzerfest in Nierstein am Rhein, in Rüdesheim oder in Oberkirch, um nur einige wenige zu nennen. Und obwohl heute die Traubenlese überwiegend mit Spezialmaschinen erfolgt, ist die Lese weiterhin ein Grund zum Feiern. Jedes Jahr ziehen die zahllosen Weinfeste in den Anbaugebieten tausende probierfreudige Touristen an.

Reformationstag – Der Tag, der alles veränderte

Am letzten Tag im Oktober feiert die evangelische Kirche den Tag der Reformation. Am 31. Oktober 1517 schlug Martin Luther 95 Thesen gegen den Ablasshandel an die Tür der Schlosskirche in Wittenberg. Und obwohl heute nicht belegt ist, ob Luther die Thesen tatsächlich an die Tür nagelte oder sie an seinen Lehrer und an Freunde schickte, begann damit der Prozess der Reformation, aus der die protestantischen Kirchen hervorgingen.

Einen im Mittelalter üblichen Ablass legte die Kirche als Bußleistung für begangene Sünden auf. Mit der Zeit wandelte sich aufgrund der finanziellen Bedürfnisse des päpstlichen Hofes die Buße von einer aktiven Leistung zu einem Ablassbrief, den der gläubige Mensch mit Geld erkaufen konnte. Die Kirche sah sich in der Macht dazu, da sie durch Christus und dessen Leiden einen unendlichen „Schatz" angehäuft hatte, den die Geistlichen an die Sünder verteilen durften. Diese Form des finanziellen Kaufs der Buße nahm ab 1515 auch in der Umgebung von Wittenberg drastische Formen an. Der Ablassprediger Johannes Tetzel sammelte Geld für die Kurie, indem er unter anderem Ablass für die Sünden schon Verstorbener oder für kommende Sünden, auch für den Weg ins Paradies oder weniger Zeit im Höllenfeuer verkaufte. Dr. Martin Luther, der als Professor für Moralphilosophie an der Universität lehrte und Prediger in der Stadtkirche war, forderte mit seinen bekannt gemachten 95 Thesen eine öffentliche Disputation über den Ablasshandel ein. Doch dazu kam es nicht, auch nicht zu einer innerkirchlichen Reformation, sondern zunächst zur Repression und ab 1518

„Eine feste Burg ist unser Gott."

Martin Luther

An die Schlosskirche zu Wittenberg schlug Dr. Martin Luther die „95 Thesen wider den Missbrauch des Ablasshandels". Die Tür galt damals als „Schwarzes Brett" für öffentliche Bekanntmachungen und kann durchaus – entgegen anders lautender Theorien – ein Ort gewesen sein, an den auch Luther seine Thesen hängte. Die originale Tür wurde durch einen Brand im Siebenjährigen Krieg 1760 stark beschädigt. Heute befindet sich an ihrer Stelle eine Bronzetür aus dem Jahre 1858 mit den in lateinischer Sprache eingravierten Thesen.

zum Ketzerprozess gegen Luther. Die Diskussionen über die Autorität des Papstes und der Konzilien sowie Fragen der Sakramente, das Vermögen des freien Willens und der priesterlichen Vollmacht führten zur institutionellen und politischen Spaltung der Kirche. Zahlreiche Landesfürsten unterstützten Luthers Ideen, sodass sich ab 1525 evangelische Landeskirchen herausbildeten.

Mit dem Reformationstag feiert die evangelische Kirche nicht nur den Zeitpunkt des Thesenanschlags Luthers, sondern auch den Beginn der Reformation und somit den Geburtstag des Protestantismus und der Erneuerung der Kirche.

In allen evangelischen Kirchen wird an diesem Tag ein Gottesdienst, meist am Abend, abgehalten, da dieser Tag in den meisten Bundesländern kein Feiertag ist. Die Gemeinde singt den Lutherchoral: „Eine feste Burg ist unser Gott." Bäckereien bieten „Reformationsbrötchen" an, einen Hefekuchen mit Rosinen und Zuckermantel.

In Wittenberg finden jedes Jahr am 31. Oktober zahlreiche Veranstaltungen statt, von der öffentlich abgehaltenen Disputation in der alten Universität, Konzerten in Kirchen und Aufführungen in den Cranach-Häusern bis zu großen Festgottesdiensten in Stadt- und Schlosskirche.

Im Jahr 2017, zum 500-jährigen Jahrestag der Reformation, wird der 31.Oktober in ausnahmslos allen Bundesländern gefeiert.

Links: Dr. Martin Luther schlägt seine 95 Thesen an die Tür der Schlosskirche zu Wittenberg. Stich aus dem 19. Jahrhundert.

Halloween – Herbstfest der Druiden

Kinder und Jugendliche lieben das Gruselfest am letzten Tag im Oktober. Sie sehen Halloween als vorgezogenes Faschingsfest, bei dem Spaß und Grauen eng beieinanderliegen.

Halloween soll auf keltisch-irische Riten aus vorchristlicher Zeit zurückgehen. Zweimal im Jahr feierten die keltischen Druiden den Jahreswechsel, einmal im Herbst und einmal im Frühjahr. Mit einem großen Feuer, das auch in der Nacht zum 1. Mai üblich war, verabschiedeten sie den Sommer vor dem Monat November. *Samhain* („Abschied vom Sommer") hieß dieses Fest, bei dem die Orakel für das kommende Jahr befragt wurden. Die Menschen gedachten auch der Ahnen,

Die Kürbislampe, in Amerika „Jack-O-Lantern" genannt, stieg in Europa zum Wahrzeichen des Halloweenfestes auf.

da es hieß, an diesem Tag stünden die Hügel der Elfen offen, um mit der Anderswelt in Kontakt zu treten. Der Name des Festes soll auf einen Totengott zurückgehen, der im Winter symbolisch die Herrschaft übernahm und an diesem Fest geehrt wurde. Er soll *Samhain* geheißen haben. Unter den bekannten keltischen Gottheiten fand sich allerdings kein historischer Hinweis darauf.

Doch die Nacht des Übergangs vom Sommer auf den Winter barg nach altem Volksglauben wie alle besonderen Nächte im Jahr eine bestimmte magische Kraft. Wie an Walpurgis, zur Sommersonnenwende, zum Jahreswechsel oder während der Raunächte liegen an diesen sogenannten Scheidenächten Vergangenheit, Gegenwart und Zukunft so nah beieinander, dass die Trennwände verwischen, auch die zwischen der Welt der Lebenden und der Toten. Geistern und Dämonen soll es dann

ein Leichtes sein, Unheil zu stiften. Um deren Treiben abzuwenden, entstanden im Volksglauben bestimmte Rituale wie Lärmen, Spucken, Klopfen oder das Entzünden von Feuer. In Irland hatten die Menschen eine weitere Lösung, um die unheimlichen Gestalten aus dem anderen Reich während dieser Nächte an ihnen vorbeigehen zu lassen: Sie verkleideten sich selbst als Geister, Tote und Dämonen und machten reichlich Lärm und Unfug. Diesen Brauch vom letzten Tag im Oktober trugen die irischen Einwanderer mit nach Amerika, wo er seit dem 16. Jahrhundert als *Halloween* gefeiert und ab dem 19. Jahrhundert zunehmend populär wurde.

Am darauffolgenden Tag begehen die Christen seit dem 8. Jahrhundert das katholische Fest Allerheiligen und seit dem Jahr 1000 Allerseelen. Weil zahlreiche Volksbräuche wie das Herbstfest nicht abgeschafft werden konnten, erließ Papst Gregor IV. im Jahr 837 eine Anordnung, nach der

Heute gehört das Aushöhlen eines Kürbisses und Verzieren mit der Fratze auch bei uns zu den Festvorbereitungen.

die heidnischen Bräuche nicht abgeschafft, sondern christianisiert werden sollten. Der Papst ließ das christliche Totenfest vom Sonntag nach Pfingsten auf den 1. November verlegen, den Tag nach dem heidnischen Gruselfest. Das närrische Treiben am Vorabend stand somit in Verbindung zum christlichen Gedenkfest für die Toten und bekam dadurch seinen jetzigen Namen. Halloween ist von der Bezeichnung *All Hallow's Eve* abgeleitet und heißt: der Abend vor Allerheiligen. Er steht damit in Tradition zu anderen wichtigen Vorabenden wie dem Heiligen Abend oder dem Nikolausabend.

Süßes oder Saures

Seit einigen Jahren wird Halloween zunehmend in Europa und auch in Deutschland gefeiert. Dämonische Masken und Verkleidungen gehören ebenso dazu wie ausgelassene Partys oder unheimliche Dekorationen in den Farben Schwarz und Rot. In Amerika und mittlerweile auch in Europa und in Deutschland üben die Kinder Heischebräuche aus, bei denen sie mit dem Spruch *Trick or treat* von Tür zu Tür ziehen. In den deutschsprachigen Ländern heißt dies „Süßes oder Saures" und bedeutet das Gleiche. Geben die Angesprochenen nichts Süßes, wird ihnen ein Streich gespielt.

Die Kürbislampe

Die ausgehöhlten Kürbisse, die das Markenzeichen des Festes sind, heißen in Amerika *Jack-O-Lantern*. Nach der Legende soll ein Hufschmied und

Trinker namens Jack einen Pakt mit dem Teufel geschlossen haben, um der beste Hufschmied der Welt zu werden. Als ihn der Teufel holen wollte, überlistete er ihn mehrfach. Er malte Kreuze, an denen der Teufel nicht vorbeikam und gekränkt abziehen musste. Nach seinem Tod fand er aufgrund seines Lebenswandels keinen Eingang in den Himmel, und an den Pforten der Hölle wies ihn der Teufel aus Rache ab. Er gab Jack ein Stück glühende, niemals verlöschende Kohle, die ihm den Weg durch die Welt weisen sollte. Jack legte die Kohle in eine ausgehöhlte Rübe und zieht seither rastlos durch die Welt. Die Amerikaner ersetzten die Rübe durch einen großen orangefarbenen Kürbis und verzierten ihn mit einem Fratzengesicht; so wurde der Kürbis zum Symbol für Halloween.

Allerheiligen – Den Heiligen zur Verehrung

Wenn im Herbst die Blätter fallen und das nassgraue Wetter zur Besinnung einlädt, gedenken die katholischen Christen ihrer Heiligen und Seligen. Am ersten November zum Fest „Allerheiligen“ stehen die Gläubigen im Mittelpunkt, die sich durch fromme Taten, als Märtyrer oder Bekenner eine besondere Stellung in der christlichen Gemeinschaft erobert haben und deren Leben im Vertrauen auf Gott mit der Erlösung belohnt wurde. Vom Oberhaupt der katholischen Kirche, dem Papst, heilig oder selig gesprochen, stehen sie in der christlichen Hierarchie in der Nähe Gottes und können Fürsprache vor ihm halten

Die vierzehn Nothelfer

Eine der bekanntesten Heiligengruppen, die *vierzehn Nothelfer* oder *Vierzehnheiligen*, wurde im 15. Jahrhundert zusammengestellt. Dies geht auf eine angebliche Begebenheit zurück, bei der einem Jungen 1445 bei Bamberg Jesus erschienen sein soll, umringt von 14 Kindern, die sich als Nothelfer auswiesen. Sie werden seitdem in Bedrängnis angerufen:

Soldat Achatius	bei Todesangst
Abt Ägidius	bei der Beichte
Barbara	beim Sterben
Blasius	bei Halsschmerzen und Krankheiten
Christophorus	bei unvorbereitetem Tod
Cyriakus von Rom	bei Besessenheit
Dionysius von Paris	bei Kopfschmerzen
Erasmus	bei Leibschmerzen
Eustachius	in aller Not
Georg	Schutzheiliger der Reiter und Haustiere
Katharina von Alexandrien	bei Kopfschmerzen
Margareta von Antioccheia	beim Gebären
Pantaleon	bei allen Krankheiten
Vitus	bei Epilepsie und Besessenheit

Links: Der heilige Bartholomäus, Begleiter Jesu und Apostel, hier in der Stucknische als weiß-gold gefasste Statue von Lorenz Luidl aus dem Jahre 1694, ebenso wie der heilige Simon auf dieser Seite rechts unten. Bartholomäus wurde ab dem 13. Jahrhundert gewöhnlich mit einem Messer, später auch mit Haut dargestellt. In der Überlieferung verkündete er in Armenien das Evangelium und erlitt dort das Martyrium, indem ihm die Haut abgezogen und er gekreuzigt wurde.

und sich für diejenigen einsetzen, die sie im Gebet anrufen. Dafür ehren sie die Christen mit einem besonderen Gedenktag.

Bereits im 4. Jahrhundert feierte die christliche Gemeinschaft einen Gedenktag aller Heiligen um Pfingsten. In Irland fand das Fest schon Anfang November in Verbindung mit dem Brauchtum zum Winteranfang statt. Missionare brachten dieses Allerheiligenfest im 9. Jahrhundert auf den europäischen Kontinent. Zur selben Zeit erließ Papst Gregor IV. im Jahr 837 eine Anordnung, nach der die heidnischen Bräuche nicht abgeschafft, sondern christianisiert werden sollten. Er schrieb Allerheiligen als Gedächtnisfest vor und legte es verbindlich auf den 1. November, den Tag, der mit dem nordischen Jahreswechsel zusammenfiel und an dessen Vorabend reichlich Brauchtum (Halloween) begangen wurde.

Als Heilige galten zunächst alle Gläubigen, bald aber nur diejenigen mit reinem Lebenswandel oder die wegen ihres Glaubens ihr Leben lassen mussten. Zu diesen Märtyrern kamen in die Gemeinschaft der Geweihten bald die asketisch lebenden und die erfolgreichen Kirchenmänner hinzu. Innerhalb der Heiligen bildete sich eine Hierarchie und Verteilung von Zuständigkeiten heraus. Der Heiligsprechung eines Gläubigen durch den Papst geht bis heute die Kanonisation voraus, die zum ersten Mal 993 stattfand und im kirchlichen Sinne eine Beweisführung vorlegt, nach der Heilige die Forderungen der christlichen Tugend erfüllt haben. Heilige werden meist an ihrem Todestag verehrt, der zugleich als der Tag der Geburt im Himmel gilt.

Heilige teilen sich in bestimmte Gruppen nach Anliegen, Arbeiten, bestimmter Zugehörigkeit, Ständen,

Ein Attribut des heiligen Simon ist die Säge, da er nach der Legende in Persien zersägt worden sein soll.

Völkern oder Patronen ein. In der Sakralkunst sind Heilige mit ihrem Attribut dargestellt und daran erkennbar.

Da die protestantische Kirche den Heiligenkult als *Abgötterei* ablehnt, ist die Anrufung und Verehrung der Heiligen in dieser Form nur in der katholischen und orthodoxen Kirche zu finden.

Allerheiligen brachte verschiedenes Brauchtum hervor: Das Zwölfuhrläuten sollte nach dem Volksglauben die armen Seelen freisetzen, die dann dorthin zurückkehrten, wo ihre menschliche Hülle einst lebte. Das Angelusläuten am nächsten Tag zu Allerseelen schickte sie wieder ins „Fegefeuer" zurück. In der Nacht zwischen den beiden Festtagen drohte deshalb auch Unheil demjenigen, der sich auf die Straße wagte.

Am Morgen des Allerheiligentages bekamen die Kinder einen Allerheiligen-Striezel *(Seelenzopf)* von ihren Paten geschenkt. Am Abend steht bis heute der Gang zum Friedhof an, um die Gräber für den nächsten Tag zu schmücken, wenn mit Allerseelen der Verstorbenen gedacht wird.

Allerseelen – Gedenktag der Toten

Am Abend vor Allerseelen werden die Gräber geschmückt (oben und links unten).

Der November gehört den Toten. Einen Tag nach Allerheiligen feiert die katholische Kirche Allerseelen und gedenkt dabei ihrer Verstorbenen. Abt Odilo von Cluny legte im Jahr 998 den Allerseelentag auf den 2. November und fügte dem Gedenktag für die Heiligen damit einen weiteren Gedächtnistag für alle Toten hinzu. Mit Halloween, dem Fest der eher unliebsamen Geister, Allerheiligen, dem Tag der Heiligen, und Allerseelen wurde so ein großes zusammenhängendes Gedenkfest für alle Toten eingerichtet.

Entwickelt haben sich die Bräuche vermutlich aus den Jahreszeiten heraus. Mit dem November setzt der Winter ein, der in den irischen Regionen mit Ritualen begrüßt wurde. In dieser Zeit mischte sich nach altem Volksglauben die Welt der Geister mit der Menschenwelt. Die Zeit vom 30. Oktober bis 8. November gilt noch heute als Seelenwoche, da die Seelen in dieser Zeit angeblich anwesend sind.

Mit Allerseelen gedenken die Menschen ihrer Familie. Derartige Ahnenkulte waren und sind in allen Kulturen verbreitet. Die familiäre Verbindung steht dabei im Mittelpunkt, die Pflege der Seelen und ihre Verehrung, die für das eigene Seelenleben und das Dasein nach dem Tod ausschlaggebend sein soll.

Zu Allerseelen kommen die Verwandten von weither gereist, um die Ruhestätten der Familie zu besuchen. Die katholischen Gemeinden ziehen

mancherorts in Prozessionen zum Friedhof, wo die geschmückten Gräber gesegnet werden.

Bereits am Nachmittag und Abend vor Allerseelen werden die Gräber mit Herbstblumen und Lichtern bestückt, am Tag selbst erfolgt noch einmal ein Gräbergang. Nach dem Volksglauben setzt das Zwölfuhrläuten am Tag zuvor (Allerheiligen) die armen Seelen frei, die dann dorthin zurückkehren, wo ihre menschliche Hülle einst lebte. Das Angelusläuten zu Allerseelen schickt sie wieder ins „Fegefeuer". Als Reiseproviant wurden früher Brot, Wein und Bohnen auf die Gräber gelegt. Die Kerze als Symbol des ewigen Lichtes steht in einem kleinen roten Glasgefäß. Sie soll der Seele den Weg zu ihrem toten

Am Gedenktag selbst erfolgt der Gräbergang mit der Segnung der Ruhestätten. Früher waren reihenweise Rosenkranzandachten und Seelenmessstiftungen üblich, um den armen Seelen die Zeit im Fegefeuer zu verkürzen und selbst gute Taten zu sammeln. Heute leuchten vor allem die „lebendigen Lichter" auf den Friedhöfen, von denen jedes in dieser Nacht einem Verstorbenen gehört.

Körper weisen. Zudem könne sich die arme Seele, die immer fröstelt, daran wärmen. Vermutlich geht das Aufstellen des ewigen Lichtes auf die Sitte zurück, nachts eine Kerze am Gottesacker an der Kirche brennen zu lassen, um die Vorübergehenden zu ermahnen, ein Gebet für die Toten zu sprechen. In manchen Gegenden wird während der Essenszeit ein Gedeck für die Verstorbenen aufgelegt. In südlicheren Ländern versammelt sich die Familie zum Speisen am Grab. In Bayern bekommen die Kinder von ihren Paten heute noch einen „Seelenzopf", wahlweise auch Geld. Auch haben sich allerhand Bräuche nach dem Volksglauben erhalten: So wird ein Opferbrot über Nacht auf dem Tisch gelassen und Milch und Wasser ans Fenster gestellt, damit sich diejenigen Seelen laben können, die an diesem Tag aus dem Fegefeuer freikommen. Auch soll nun zum ersten Mal über Nacht geheizt werden, damit sich die Seelen wärmen können. Türen dürfen nicht zu schnell zugeschlagen werden, um die Toten nicht zu erschrecken oder zu verletzen.

Wie in allen besonderen Nächten des Jahres glaubte das Volk, dass es nachts im Freien gefährlich sei: Alle Geister hatten Freigang und konnten Unheil anrichten.

Papst Benedikt XIV.

erlaubte ab 1748 drei Messfeiern an Allerseelen mit Gebeten, Fürbitten und der Eucharistiefeier, um den Toten zu ihrer Aufnahme in den Himmel zu verhelfen. Nach dem Trienter Konzil befinden sich die Seelen der Verstorbenen zunächst an einem Ort der Reinigung. Fürbitte, Gebete und Opfer können ihnen bei der endgültigen Erlösung helfen, ebenso wie das Requiem, das auch zum kirchlichen Begräbnisritus gehört. Früher war die Farbe des Messgewandes Schwarz, heute entspricht sie mit Violett der liturgischen Farbe besonderer Feste.

Leonhardiritt und Leonhardifahrt – Umritte hoch zu Ross

Der 6. November ist dem heiligen Leonhard geweiht, dem Schutzpatron der Gefangenen und des Viehs. Ihm zu Ehren veranstalten viele katholische Gemeinden in Süddeutschland und in den Alpenländern Umritte hoch zu Ross: die so genannten Leonhardiritte.

Im Mittelpunkt der Pferdeprozession, die dem Bauernheiligen gewidmet ist, stehen das Vieh und die Pferde, die kunstvoll geflochtene Mähnen und Schweife, Bänder, Schleifen oder Blumen schmücken.

Unten: Leonhardifahrt in Bad Tölz

Oben: *Der Pater erteilt den Segen über Pferde, Gespanne und Wagen in Reichling (Bayern).*

Männer und Frauen in prächtigen Gewändern und Trachten, ebenso als Heilige verkleidet, sitzen auf den mit grünen Ranken, Blumen und Glöckchen verzierten Zwei-, Vier- und Mehrspännern. Während der Prozession hält der Pfarrer eine Messe und segnet die Pferde. Der wohl bekannteste Leonhardiritt ist die seit 1772 stattfindende Bad Tölzer Leonhardifahrt, wo Musikkapellen aufspielen und Tausende Touristen zusehen.

Unten: *Kunstvolle Frisuren zieren die Pferdemähne wie hier beim Leonhardiritt in Wengen (Bayern).*

Hier nehmen – anders als bei den sonst üblichen Umritten – auch Frauen teil, die auf eigens hergerichteten Wagen, den sogenannten *Truhen*, in festlicher Tracht sitzen.

Umritte sind während zahlreicher Feste wie Ostern und Pfingsten üblich und gehen auf alte Rituale zurück, nach denen der Grundherr einmal im Jahr sein Land umschreiten musste, um es als seinen Besitz

Oben: In der Marktstraße von Bad Tölz nach dem Leonhardiritt. Originalzeichnung von G. Heine, Stich von 1885.

anzuzeigen. Abergläubische Vorstellungen spielen dabei ebenso hinein. So soll das Umschreiten einen magischen Kreis erzeugen, der Hexen, Dämonen und Geister fernhält. Eine Deutung ist auch, dass mit großem Ausritt eine Botschaft wie die Auferstehung Christi während des Osterfestes kundgetan oder das Land gesegnet wird wie beim Blutritt zu Weingarten (siehe Pfingsten). Der Segen vom Priester am Leonharditag soll Krankheit und Gefahr von den Tieren abwenden. Auch werden Leonhardigaben wie Hufeisen und eiserne Tierbilder, die früher aus der Dorfschmiede kamen, als Glücksbringer geweiht.

Leonhardiritt in Murnau. Die geschmückten Pferdewagen sind die große Attraktion des Festes.

Die Legende

Der heilige Leonhard wird in der Kirche als Mönch mit Kette dargestellt. Seine Lebensgeschichte geht auf zahlreiche Legenden zurück. Er soll um 500 in Frankreich geboren worden sein und zunächst als Einsiedler gelebt haben. Leonhard setzte sich dann für Hilfsbedürftige und Gefangene ein und erreichte für viele die Freilassung. Da er dem Herrscherpaar bei der Geburt ihres Sohnes mit Gebeten beigestanden haben soll, versprach ihm der König so viel Land, wie Leonhard mit einem Esel in einer Nacht umreiten könne. Auf diesem Gebiet gründete er das Kloster Noblat bei Limoges. Seit dem 11. Jahrhundert erfährt der Heilige Verehrung, besonders in Süddeutschland mit Pferdeprozessionen und Wallfahrten. Seine Ketten stehen symbolisch für die gesprengten Fesseln, von denen sich die Menschen mit Gottes Hilfe befreien können. Als ab dem 16. Jahrhundert die Ketten als Viehketten ausgelegt wurden, stieg Leonhard zum Viehpatron auf. In Bayern gehört er mancherorts zu den vierzehn Nothelfern und wird für alle Anliegen der Bauern, für eine gute Geburt, gegen Kopfschmerzen oder Geisteskrankheiten angerufen.

> ***„Wenn an Leonhardi Regen fällt, ist's um den Weizen schlecht bestellt."***
>
> Bauernregel

Martinstag – Ein Lichtermeer zu Martins Ehr'!

Der Martinstag am 11. November ist einem der frühesten Heiligen der lateinischen Kirche gewidmet. Bis heute feiern besonders Kinder die Legenden um den heiligen Martin mit Bildern, Geschichten und einem Laternenumzug am frühen Abend. Dabei singen sie Lieder, die aus dem Leben des barmherzigen Mannes erzählen.

Der heilige Martin von Tours wurde als Sohn eines römischen Tribuns um 316 in Savaria geboren, das heute in Ungarn liegt. Er kam bereits im Alter von 15 Jahren zum Heer und mit 18 trat er zum Christentum über. Aus dieser Zeit stammt die bekannteste Legende: In einem strengen Winter traf er am Stadttor von Amiens auf einen unbekleideten Bettler. Martin schnitt mit dem Schwert seinen Offiziersmantel entzwei und gab eine Hälfte dem frierenden Mann. Später ließ sich Martin taufen und verließ das Heer. Zunächst schloss er sich als Schüler dem Bischof Hilarius von Poitiers an und wurde Priester. Dann lebte er sieben Jahre als Eremit, später in der Gemeinschaft mit Schülern. 361 gründete er mit Ligugé das erste Kloster in Gallien, 371 wurde er zum Bischof von Tours gewählt. Martin gründete das Kloster Marmoutier bei Tours und lebte als Missionar und Seelsorger. Auch soll er Wunder vollbracht haben. Er starb am 8. November 397 während einer Missionsreise und wurde am 11. November in Tours beigesetzt. Zeit seines Lebens wurde er hoch geschätzt, bald nach seinem Tod verehrt. Im 5. Jahrhundert entstand eine Kapelle, später eine Basilika über seinem Grab. Er war der Nationalheilige des Frankenreiches und ist der Schutzpatron Frankreichs. Als der erste Heilige erwarb er seine Heiligkeit in der lateinischen Kirche durch seine pflichtbewusste Lebensweise und das asketische Mönchtum, woraus ein christliches Ideal, vor allem für Mönche und Priester, entstand.

In der Kunst wird der heilige Martin auf einem Schimmel reitend und seinen Mantel teilend dargestellt. Im Volk hat sich vor allem der Laternenumzug der Kinder zur Abendstunde erhalten. Kinder ziehen mit ihren selbst gebastelten Laternen durch die Straßen und singen Martinslieder. Ein Reiter im Mantel begleitet sie.

> ***„Sankt Martin ist ein harter Mann für den, der nicht bezahlen kann."***
>
> Spruchweisheit

Martinsumzug und Martinshörnchen sind auch in der evangelischen Kirche beliebt, wurden dort aber abgewandelt, indem nicht der heilige Martin von Tours der Namensgeber des Tages ist, sondern der Reformator Martin Luther.

Martinsgänse und Karneval

Im Volk entstand in den vergangenen 1600 Jahren der Verehrung verschiedenes Brauchtum. Wichtige Tage im Jahr wurden am liturgischen Kalender festgemacht, so auch der Zahltag,

„Auf Martin schlacht' man fette Schwein',
auch wandelt sich der Most in Wein.
Man isst dann auch gebratne Gans
und trinkt den Most halb oder ganz."

Spruch aus Norddeutschland

der in vielen Regionen zweimal im Jahr stattfand. Am Martinstag musste dem Gutsherren der Zins gezahlt werden, der auch aus einer bestimmten Anzahl an Geflügel bestand. Die „Martinsgänse" eigneten sich ebenso als Gabe für den Pfarrer und den Lehrer, aber vor allem als Fett- und Federlieferanten am heimischen Hof. In vielen Kalendern wurde dieser Schlachttermin des Federviehs mit einer Gans eingezeichnet. Die Verbindung zu Martin liefert die Legende, die erzählt, dass die Gänse den Mönch mit lautem Geschnatter verrieten, als er sich versteckt hielt, um nicht zum Bischof gewählt zu werden.

Der Martinstag war auch ein Termin, an dem das Gesinde den Dienst wechseln durfte. Die Einstellung erfolgte dann wieder an Mariä Lichtmess (2. Februar). Vielerorts wurde aus diesem Anlass ausgelassen gefeiert mit Sauerkraut und Würsten. Die brennenden Martinsfeuer gehen vermutlich auf die Sitte zurück, den Sommer zu verabschieden. Sie sind allerdings wesentlich kleiner als andere Feuer im Jahreskreis.

Mit brennenden Lichtern tragen die Christen „das Licht des Glaubens unter die Völker". Die katholische Liturgie setzt sich im Martinsumzug der Kinder mit ihren bunten, oft selbst gebastelten Laternen fort.

In manchen Gegenden wurde bereits am Abend zuvor mit fröhlichem Gelage ausgelassen gefeiert, ähnlich wie bei einem Jahreswechsel. Dies stand mit dem christlichen Brauch in Verbindung, der mit dem 11. November die vorweihnachtliche Fastenzeit einläutete. Bereits im 5. Jahrhundert ordneten verschiedene Bischöfe eine Fastenzeit von Sankt Martin bis Weihnachten und Epiphanias an. Da die Fastenzeit neben dem Essen auch Rechtsgeschäfte verbot, war hier der letzte Termin, den Zins zu zahlen. Vor allem wurde noch einmal ausgelassen getafelt und gefeiert. Daraus entstand die Tradition, am 11.11. den Karneval einzuläuten.

Auf dem Alten Markt in Köln begrüßen jedes Jahr Tausende Jecken mit einem Countdown und einem dreifachen „Kölle Alaaf" den Karneval. In Düsseldorf finden sich die Narren vor dem alten Rathaus ein, wo die Symbolfigur Hoppeditz mit Böllerschüssen für die fünfte Jahreszeit geweckt wird, deren Höhepunkt vor der österlichen Fastenzeit liegt.

Buß- und Bettag – Tag der Besinnung

Der Tag der Besinnung, Buße und Einkehr, der in der evangelischen Kirche gefeiert wird, hat einen staatlichen und religiösen Ursprung. Im 16. und 17. Jahrhundert griffen die deutschen Länder damit einen Brauch aus der Zeit des Römischen Reiches auf: Ein Sühnetag sollte in Kriegs- und Krisenzeiten die Götter gnädig stimmen.

Während der Türkenkriege fand 1532 der erste evangelische Buß- und Bettag in Straßburg statt. 300 Jahre später hatte die Anzahl der Sühnetage pro Jahr erheblich zugenommen. 1878 gab es 47 Bußtage, an denen Buße und Beichte zu Wandlung und Umkehr führen sollten und die als Opfer zur Fürbitte gedacht waren.

1852 und 1878 schlug die Eisenacher Konferenz vor, einen einheitlichen Termin einzurichten, und zwar den Mittwoch vor dem letzten Sonntag nach Trinitatis. 1893 übernahmen die meisten evangelischen Landeskirchen

Schuldbekenntnis

Allmächtiger Gott, barmherziger Vater! Ich armer, elender, sündiger Mensch bekenne dir alle meine Sünde und Missetat, die ich begangen mit Gedanken, Worten und Werken, womit ich dich erzürnt und deine Strafe zeitlich und ewiglich verdient habe. Sie sind mir aber alle herzlich leid und reuen mich sehr, und ich bitte dich um deiner grundlosen Barmherzigkeit und um des unschuldigen, bittern Leidens und Sterbens deines lieben Sohnes Jesus Christus willen, du wollest mir armem, sündhaftem Menschen gnädig und barmherzig sein, mir alle meine Sünden vergeben und zu meiner Besserung deines Geistes Kraft verleihen.

(EG 799)

den Termin, doch erst 1934 führte ihn die evangelische Kirche offiziell in Deutschland ein. Während der Naziherrschaft ließ der Reichskanzler den Bußtag auf einen Sonntag verlegen, wodurch der Feiertag faktisch abgeschafft wurde. Die deutsche Bundesregierung setzte 1981 den Buß- und Bettag in der gesamten Bundesrepublik als Feiertag erneut ein. 1995 wurde er dann zugunsten der Finanzierung der Pflegeversicherung in allen Bundesländern bis auf Sachsen schließlich „eingespart". In der Schweiz ist er weiterhin Feiertag.

In der evangelischen Kirche wird der Tag heute am Abend mit einem Gottesdienst mit der gemeinsamen Beichte gefeiert, allerdings ohne das freudige Halleluja am Schluss. Die liturgische Farbe ist das Violett. Als Buße wird die veränderte innere Haltung und die Bereitschaft zur Veränderung und Umkehr gesehen, vor allem auch anhaltende Selbstbesinnung. Es wird auf Missstände wie Armut, Ungerechtigkeit, Krankheiten, Hunger, Kriege und Verbrechen in den Ländern der Erde hingewiesen und auch soziale und gesellschaftliche Themen werden angesprochen.

Volkstrauertag und Totensonntag – Den Toten zum Gedenken

Der Totensonntag ist das evangelische Gegenstück zu Allerseelen, dem katholischen Fest, an dem der Verstorbenen gedacht wird. Am letzten Sonntag des Kirchenjahres begehen die Gläubigen der evangelischen Landeskirchen diesen allgemeinen Feiertag, indem sie Gottesdienst feiern, die Friedhöfe besuchen und die Gräber schmücken.

> ***„Der Herr ist mein Hirte, mir wird nichts mangeln."***
> Psalm 23
>
> ***„‚Wachet auf', ruft uns die Stimme!"***
> Kirchenlied

Einige Tage vorher bereiten die Angehörigen die Ruhestätten ihrer Verstorbenen für den Winter vor und decken sie mit immergrünen Zweigen ab. Beim Gottesdienst in der Kirche oder der Friedhofskapelle werden zum Klang der Gebetsglocke alle Namen der Verstorbenen des vergangenen Jahres vorgelesen. Die Predigt weist auf die Auferstehung hin und in den Gebetstexten wird das Kommen Christi und das Reich Gottes erbeten. Der „Gedenktag der Entschlafenen" hat als liturgische Farbe Schwarz oder belässt den Altar schmucklos, er kann aber auch in der entsprechenden liturgischen Farbe der Kirchenzeit oder in Weiß geschmückt sein, als Zeichen dafür, dass Christus alle Entschlafenen mit Namen kennt und sie zum Leben führt.

König Friedrich Wilhelm III. von Preußen ordnete den Feiertag 1816 an und bediente damit wie bei Allerseelen ein tiefes menschliches Bedürfnis. Die evangelischen Landeskirchen übernahmen den Feiertag, der ein fester Termin im liturgischen und bäuerlichen Kalender wurde. Er beschließt das Kirchenjahr. Alle Kirmes- und anderen Feiern hatten bis dahin zu enden. Mit der daran anschließenden Adventszeit beginnt das Kirchenjahr von Neuem.

Der Totensonntag erhielt im Laufe der Geschichte verschiedene Bezeichnungen:

Ewigkeitssonntag:
um an das endliche Leben auf Erden zu erinnern.

Sonntag vom Jüngsten Gericht:
um an das letzte Wort Gottes zu denken, der über das Tun der Menschen richtet.

Christkönigsfest:
erinnert an die Macht und Herrlichkeit Jesu.

letzter Sonntag des Kirchenjahres:
als Parallele zum letzten Tag des Lebens.

Nationaler Trauertag

Der Volkstrauertag wird als nationaler Trauertag für die Toten aus Kriegen und Gewaltherrschaften begangen. In der Bundesrepublik Deutschland fällt dieser auf den zweiten Sonntag vor dem Ersten Advent. Er dient vor allem dem Gedenken an die Opfer der beiden großen Weltkriege im 20. Jahrhundert. Bereits nach dem Ersten Weltkrieg regte der Volksbund an, einen nationalen Trauertag einzurichten. 1922 fand die erste Gedenkstunde im Reichstag statt. 1926 rief der „Volksbund Deutsche Kriegsgräberfürsorge" zum Gedenken der Opfer des Ersten Weltkrieges am 5. Sonntag vor Ostern, Reminiscere, auf. 1934 benannte die nationalsozialistische Regierung ihn in „Heldengedenktag" um und stellte nicht mehr die Trauer, sondern die Heldenverehrung in den Mittelpunkt. Seit 1948 wird der Tag wieder zum Gedenken der Kriegsopfer begangen und seit 1952 am zweiten Sonntag vor dem Ersten Advent mit dem feierlichen Niederlegen von Kränzen, Andachten und Ansprachen gestaltet.

Der Volkstrauertag wird neben einem Staatsakt auch mit örtlichen, stillen Gedenkfeiern und Kranzniederlegungen begangen, die an die Verluste der Millionen Menschenleben erinnern und vor den Folgen des Krieges warnen sollen.

Advent – Einstimmen auf die Weihnacht

Vier Sonntage vor Weihnachten beginnt die Adventszeit und mit ihr die stille Zeit des Jahresendes, aber auch der Beginn des Kirchenjahres. Das Wort „Advent“ geht auf das lateinische *aventus* zurück, das übersetzt „Ankunft“ bedeutet und sich auf die Geburt Christi bezieht. Um sich auf das Christfest entsprechend vorzubereiten, geht ihm eine mehrwöchige Andachtszeit voraus. Wie die Fastenzeit auf Ostern hinführt, so führt die Adventszeit auf Weihnachten hin.

Die Ankunftszeit dauert 22–28 Tage, die – nachdem das Geburtsfest erstmals im 4. Jahrhundert feierlich begangen wurde – ab dem 5. Jahrhundert dem Fasten und der Einkehr diente und in den ersten christlichen Jahrhunderten bereits nach dem Martinstag (11. November) begann und bis Epiphanias (6. Januar) dauerte. In dieser Zeit durfte zudem nicht getanzt, gefeiert, geheiratet und auch kein Rechtsgeschäft getätigt werden. Gregor der Große legte im 7. Jahrhundert die Adventszeit auf vier Sonntage fest. Das Aachener Konzil führte 825 die Regel für Deutschland ein, nach der die Adventszeit mindestens 22 Tage dauert. Falls nämlich der Heilige Abend auf einen Sonntag fällt, ist dies zugleich der 4. Advent. Die längste Adventszeit beträgt 28 Tage. Es dauerte aber noch bis ins 16. Jahrhundert, ehe sich die Regel überall durchsetzte. 1570 erließ Papst Pius V. die Adventsliturgie.

> Die Adventszeit beginnt vier Sonntage vor Weihnachten und endet am 24. Dezember.
>
> In der Liturgie besitzt jeder Sonntag einen eigenen Inhalt:
>
> Der **1. Sonntag** erinnert an die Wiederkunft Christi,
>
> der **2. Sonntag** bereitet auf den kommenden Erlöser vor,
>
> der **3. Sonntag** ist Johannes dem Täufer gewidmet,
>
> am **4. Sonntag** stehen die Freude über die Geburt Christi und (in der katholischen Kirche) Maria im Mittelpunkt.

Volksbräuche

Viele Volksbräuche gehen auf die Vorfreude auf die Ankunft Christi zurück, aber auch auf überliefertes Brauchtum zum Jahresende. Bevor die Zeit vor Weihnachten dem Fasten und der Stille gewidmet war, feierten die Menschen eine laute Adventszeit. Nach Sankt Martin (11. November) wechselten die Knechte und Mägde ihre Stelle. Auch eignete sich die Zeit zwischen den Jahren zum Orakeln oder Schabernack treiben, das sich bis heute im Klausentreiben zu Nikolaus oder in Form der Perchtenjagden in den Raunächten erhalten hat. Während des Winters war es seit jeher üblich, die Zimmer mit immergrünen Zweigen zu schmücken. Im Volksglauben sollen die Tannenzweige den guten Geistern im Winter Schutz bieten und die bösen Dämonen vertreiben. Immergrün steht für das Leben, das sich auch in den kalten Winterzeiten hält. Die christliche Symbolik nahm es in ihr Brauchtum auf. Auch hier stehen die Farben Rot und Grün für die Adventszeit: Während Grün den neugeborenen Jesus als anwesende Hoffnung und Leben symbolisiert, spiegelt die Farbe Rot das vergossene Blut Christi wider, womit Geburt und Tod anschaulich nebeneinanderstehen.

Adventskranz

Der Adventskranz kam in seiner heutigen Form erst im 19. Jahrhundert auf. Zwar galten grüne geflochtene Kränze schon im Altertum als Ringzauber, die Unheil abwehren konnten. Aber erst im 19. Jahrhundert entstand in einem Heim für hilfsbedürftige Kinder vor den Toren Hamburgs, im „Rauen Haus“, die Sitte, Tag für Tag eine weitere Kerze anzuzünden. Der Hamburger Pfarrer Johann Heinrich Wichern ließ zunächst pro Tag eine Kerze mehr anzünden, wozu ein gewaltiger Holzreifen vonnöten war. Gegen 1860 wurde dieser mit grünem Reisig umwunden und führte zum heute gebräuchlichen kleineren grünen Adventskranz mit nur noch vier Kerzen für jeden Sonntag. Der Brauch breitete sich anfangs langsam in Europa und vor allem nur in protestantischen Familien aus. Nach dem Ersten Weltkrieg kam er nach Süddeutschland und Europa und stieg Mitte des zwanzigsten Jahrhunderts zum allgemeinen Symbol der Adventszeit auf.

Adventskalender

Die 24 Tage bis zum Heiligen Abend verkürzt der Adventskalender, der heute in jedem Haushalt zu finden

Der Adventskranz trägt traditionell vier Kerzen auf einem mit Immergrün geschmückten Kranz. In den letzten Jahren kamen auch abstraktere Varianten auf: Teelichthalter mit vier Kerzen, geschmückte Teller usw. Allen gemein ist, dass an jedem der vier Sonntage im Advent eine weitere Kerze angezündet wird.

ist und vor allem Kindern die Zeit bis Weihnachten versüßen soll. Im 15. Jahrhundert entstanden die ältesten Gemälde, die für Adelige und Reiche angefertigt wurden und Maria mit dem Christkind von 24 Kugeln umgeben zeigten. In den Familien war es zur selben Zeit üblich, die guten und bösen Taten der Kinder zu zählen, um sie dem Nikolaus vorzulegen. Dazu schnitten die Eltern Kerben in Holzleisten. Daraus entwickelte sich vermutlich die Tradition, eine Kerze mit 24 Kerben zu versehen und jeden Tag ein Stück bis Weihnachten abzubrennen. Erst Anfang des 20. Jahrhunderts kam der Adventskalender in gedruckter Form auf den Markt. Im Jahre 1903 brachte der Münchener Verleger

Typischer Weihnachtsmarkt in Frankfurt a. M. mit Buden, Christbaum und Lichterketten.

Gerhard Lang einen Kalender mit 24 Kästchen auf den Markt. Heute gibt es im Handel mit Süßigkeiten oder Spielzeug gefüllte und mit Bildern bemalte Kalender in allen Farben und Formen, vom Briefmarkenformat bis menschengroß.

Weihnachtsmärkte

Aus den Messen, auf denen die Händler und Verkäufer ihre Produkte anboten, entwickelten sich mit den Jahren spezielle Weihnachtsmärkte. Die ältesten sind der seit 500 Jahren abgehaltene Striezelmarkt in Dresden, der 450 Jahre alte Straßburger Weihnachtsmarkt und auch ein Vorgänger des Nürnberger Christkindlesmarktes. Ab dem 19. Jahrhundert kamen die Weihnachtsmärkte auf, die bis heute ihren Charakter erhalten haben. An kleinen Buden gibt es heiße Getränke, Bratwürste und Süßigkeiten, Spielzeug und Kunsthandwerk zu kaufen. Meist befindet sich der Markt in der Nähe einer Kirche, denn früher durften die Händler in manchen Gegenden mit ihren Waren bei schlechtem Wetter in die Seitenschiffe ausweichen.

Weihnachtsbäckerei

Zur Adventszeit gehört heute ebenso das typische Weihnachtsgebäck wie Plätzchen oder Stollen. Lange vor den Deutschen verfassten arabische Meisterbäcker im 10. Jahrhundert ihre Rezeptbücher über ihr Gebäck aus exotischen Zutaten und Gewürzen. Über die europäischen Klöster, die einige dieser Bücher kannten, kam das Konfekt nach Europa, wo es die mittelalterlichen Kaufleute und der Adel bezogen. Später entstanden Modelbäckereien, die Kuchen mit Bildern und Printen mit Symbolen backten, von denen heute der Spekulatius der bekannteste ist. Bäcker in Nürnberg stellten bereits im 14. Jahrhundert die berühmten Lebkuchen her. Den mittelalterlichen Ursprung mit christlichem Gehalt erklärt die Deutung des Wortes Lebkuchen. „Leb" kommt aus dem Althochdeutschen und bedeutet „Heilmittel". Die in den Klöstern angebauten Kräuter wurden im Mittelalter in kleinen gebackenen Plätzchen als Medizin dargereicht. Lebkuchen zu Weihnachten hatten besondere heilbringende Wirkung für die Welt.

Die Zutaten für die Pfefferkuchen, das ursprünglich tatsächlich mit Pfeffer gewürzte Honiggebäck, kamen aus Indien sowie alle weiteren unbekannten Gewürze wie Zimt und Kardamom, die einfach Pfeffer

Die Weihnachtsbäckerei gehört zur Adventszeit wie der Adventskranz und der Adventskalender.

hießen, sehr teuer waren und deshalb nur besonderen Zwecken dienten. Später hielt die Weihnachtsbäckerei Einzug in die Familien. Während auf dem Land das Früchtebrot gebacken wurde, kam im Bürgertum der Stollen auf. Der längliche, mit Puderzucker bestreute Kuchen soll an das Jesuskind erinnern, das als *Fatschenkind* (von lateinisch *fasciare* = umwickeln) in Tücher gewickelt in der Krippe liegt.

Der Barbaratag

In die Adventszeit fällt das Fest der heiligen Barbara, eine Figur der *Legenda aurea* und eine der Heiligen, die von katholischen Christen hoch verehrt wird. Am 4. Dezember werden Zweige von Apfel-, Birn- oder Kirschbäumen geschnitten und ins Wasser gestellt. Blühen sie zu Weihnachten, verkünden sie ein segensreiches Jahr. In der christlichen Auslegung stehen sie für Jesu Geburt, die Blüte aus der Wurzel Jesse. Im Volksglauben benannten die Mädchen jeden Zweig mit einem Verehrer. Wessen Knospen zuerst erblühten, würde das Mädchen zur Frau nehmen. Auch die Bauern verwendeten die Blüten als Orakel, um herauszufinden, wie viel Nachwuchs sich bei den Tieren im kommenden Jahr einstellen würde. Zurückgehen soll der Brauch des Zweigeschneidens auf die hl. Barbara selbst, die im Angesicht ihres nahen Martyriums Trost aus einem Kirschzweig schöpfte, der am Tag ihres Todes zu blühen begann.

Nikolaustag – Nikolaus, Ruprecht und Krampus

So vielfältig wie das Brauchtum, so unterschiedlich tritt auch dieser Geselle auf: Den einen steckt er Süßigkeiten in die Schuhe, den anderen bringt er Geschenke oder lässt sie von seinem Begleiter bestrafen. Nikolaus, den vor allem die Kinder lieben, ist heute der Vorbote des Weihnachtsfestes und tritt als Figur meist nur noch im südlichen deutschsprachigen Raum und in Holland (als Sinterklas) in Erscheinung. Vielerorts ist er von dem im roten Kostüm erscheinenden Weihnachtsmann abgelöst worden. Korrekt ist der Nikolaus hingegen an Bischofsmütze und Stab zu erkennen.

In der katholischen Kirche ist Nikolaus der Patron der Kinder und unzähliger Berufe wie Seefahrer und Schiffer, Fischer, Steinmetze, Wirte, Weinhändler oder Brückenbauer. Der heilige Nikolaus von Myra, auf den der Nikolaustag zurückgeht, lebte als Bischof in Myra. Wann genau ist unklar, doch soll er nach einigen Überlieferungen am 6. Dezember 342 gestorben sein, weshalb ihm dieser Tag geweiht wurde. Er vollbrachte eine Reihe von Taten und Wundern, weshalb er bis heute verehrt wird. Kaiser Diokletian (um 310) soll ihn gefoltert haben, der sich zeit seines Lebens zu seinem Glauben bekannte. Seine Teilnahme am Konzil von Nizäa ist berühmt, aber nicht bewiesen. Nikolaus gilt als der erste Bekenner in der Ostkirche, der zum Heiligen ernannt wurde, ohne den Märtyrertod gestorben zu sein. In die Nikolausgestalt mit den zahlreichen

Der Nikolaus (links) besucht mit seinem Gehilfen Krampus (rechts) den Christkindlmarkt in einer bayerischen Kleinstadt und verteilt Geschenke.

Der Nikolausabend. Der Bischof mit der typischen Mütze befragt die Kinder nach ihrem Wissen. Die Braven bekommen vom Engel Geschenke, während der teuflische Geselle im Hintergrund den Faulen mit der Rute droht. Nach einer Originalskizze von F. Kollarz, Ende des 19. Jahrhunderts.

Legenden spielt auch ein anderer Namensvetter mit hinein: Abt Nikolaus von Sion, Bischof von Pinora, der am 10. Dezember 564 starb und ebenfalls Wunder vollbracht haben soll. Sein Todesdatum ist verbürgt, doch seine Taten sind untrennbar mit denen des Nikolaus von Myra verwoben.

1969 schaffte die Liturgiereform der katholischen Kirche den Nikolaustag als Feiertag offiziell ab. Die Popularität des Heiligen als Gabenbringer blieb in der Kirche und im Volk als überkonfessionelles Brauchtum jedoch erhalten. Zahlreiche regionale Abwandlungen seines Namens sind bekannt und noch immer beliebt, wie Niklas, Klaus, Klas, Nick, Nico oder Nicole, die alle von Nikolaus herrühren.

Süßigkeiten, Geschenke und Kohlen

Mehrere Legenden sind für den Brauch des Beschenkens verantwortlich. So soll einstmals ein Wirt drei Schüler bestohlen und ermordet haben. Nikolaus erweckte die in einem Salzfass eingepökelten Toten, woraus in den Klosterschulen ein Fest entstand, bei dem die Kinder in der Erinnerung an das Wunder an jedem 6. Dezember einen Bischof aus ihrem Kreis wählten. Einmal im Jahr gab es tatsächlich den Brauch, die Bischöfe abzusetzen und durch

Nikolaus verteilt seine Gaben – je nach Region – in Schuhe, Strümpfe oder auf Teller.

einen „Geringen“ auszuwechseln. Dieser Tag lag zunächst Ende Dezember, später vermutlich zu Beginn. Die Knaben im Mittelalter erhielten am Nikolaustag kleine Geschenke, die Mädchen am späteren Luciatag. Aus einer anderen Legende heraus entwickelte sich seit dem 15. Jahrhundert die Sitte, Geschenke in die Schuhe zu stecken. Demnach konnte ein armer Mann seinen drei Töchtern keine Mitgift geben, weshalb sie gezwungen gewesen wären, auf der Straße mit Prostitution Geld zu verdienen. Um die Mädchen vor diesem Schicksal zu bewahren, legte der heilige Nikolaus ihnen Gold in die Schuhe. Die Geschenke in den Strümpfen – wie im angelsächsischen Raum üblich – gehen vermutlich auf dieselbe Legende zurück. Demnach warf Nikolaus die Goldklumpen durch den Schornstein, an dem die Mädchen ihre Strümpfe zum Trocknen aufgehängt hatten. In manchen Gegenden, vor allem in See- und Hafenstädten, trat Nikolaus als Patron der Schiffer und Seefahrer auf und legte seine Gaben in ein Schiffchen, das die Kinder selbst gebastelt und vor die Tür gestellt hatten. Aus diesen Schiffchen wurde der Teller, den das Nikolauslied „Lasst uns froh und munter sein ...“ besingt.

Die Belohnung und Bestrafung der Kinder gründet vermutlich in der religiösen Erziehung. Die vorweihnachtliche Fastenzeit diente dem Lernen kirchlicher Regeln. Wurden die Kinder über ihre Kenntnisse befragt, erhielten sie je nach Resultat Strafe oder Lohn. Nach der Reformation entwickelte sich daraus ein reiches Brauchtum. Die Protestanten führten Spiele und Prüfungen mit einem erwachsenen Christkind auf. Dem begegnete die katholische Seite mit dem streng auftretenden Nikolaus, der in Begleitung eines Engels und des Teufels Glaubenslehren abfragte. Heute reduziert sich dieser Brauch darauf, dass in den katholischen Gegenden der mit Bischofsmütze, -stab

Lasst uns froh und munter sein

Lasst uns froh und munter sein
und uns recht von Herzen freun.
Lustig, lustig, traleralera,
bald ist Nikolausabend da,
bald ist Nikolausabend da.

Dann stell ich den Teller auf,
Niklaus legt gewiss was drauf.
Lustig, lustig, traleralera ...

Niklaus ist ein guter Mann,
dem man nicht genug
danken kann.
Lustig, lustig, traleralera ...

Volkstümlich aus dem Hunsrück

und -gewand bekleidete Nikolaus auf dem Christkindlmarkt auftritt, die Familien am (Vor-)Abend besucht, aus dem goldenen Buch die guten und bösen Taten der Kinder vorliest, sie zum Vortragen von Liedern und Gedichten auffordert und anschließend mit reichlich Geschenken belohnt. Zu Weihnachten erfolgt dann die zweite Gabentour durch das Christkind. In den evangelischen Gegenden werden am Vorabend die Schuhe geputzt und vor die Tür gestellt. Am nächsten Morgen finden die „braven" Kinder Süßigkeiten, Äpfel und Nüsse, die „ungehorsamen" dagegen Kohlen vor. Die großen Geschenke bringt hier allein der Weihnachtsmann.

Krampus, Teufel oder Knecht Ruprecht

Im Gefolge des Nikolaus befindet sich neben dem Engel oder „hellen Gesellen" auch ein „dunkler Geselle". Je nach Region heißt er Krampus, Teufel, Knecht Ruprecht oder auch Klaubauf, ist jedoch immer bereit, die ungezogenen Kinder in seine Kiepe zu stecken. In der Hand hält er die Rute aus Reisig. In den Volksbräuchen wurde das Berühren mit Reisigzweigen und -ruten zur Steigerung der Fruchtbarkeit angewandt, später nur noch zur moralischen Erziehung eingesetzt und dadurch dessen Ursprung vergessen. Beide Gestalten zusammen, der Nikolaus und der bestrafende Begleiter, sind vermutlich zur Figur des Weihnachtsmannes verschmolzen. In Amerika heißt dieser „Santa Claus", was auf seinen Ursprung hindeutet und eigentlich die säkularisierte Form des Heiligen ist. Mancherorts blieb der Knecht Ruprecht als einzige Figur zurück, wie im Gedicht von Theodor Storm. Hier geht der Knecht vor dem Christkind auf die Erde, um zu beschenken oder zu bestrafen. Bereits seit der Zeit der Aufklärung tritt Nikolaus in den protestantischen Gegenden als gut und böse in einer Person auf, die sich schließlich zum Weihnachtsmann weiterentwickelte.

In einigen Gegenden wie in Osttirol oder im Allgäu erhielt sich das Klausentreiben, bei dem sich die in Felle gehüllten und mit Holzmasken versehenen Krampusse wilde Jagden liefern. Zurückgehen soll der Brauch auf die Perchten, die während der Raunächte bis zum 6. Januar ihr Unwesen trieben – alte Rituale im Alpenraum, die vermutlich aus dem langen Zusammenleben von Mensch und Tier entstanden sind. Alte Höhlenmalereien der Neandertaler zeigen Figuren in Tierfelle gehüllt und mit Hörnern ausgestattet, die sich von den Rumpelklausen kaum unterscheiden.

Der Name „Knecht Ruprecht" soll mit der Percht, einer großen Muttergöttin, in Verbindung stehen, die vor der Christianisierung verehrt wurde. Der dämonische Begleiter kann demzufolge eine Symbolfigur des Wintereinzugs sein. Ruprecht wird ebenso mit dem Bischof Ruprecht aus dem 7./8. Jahrhundert und das Perchtenjagen als Brauch interpretiert, der zur moralischen Erziehung der Kinder aus dem teuflischen Gefährten des Nikolaus entwickelt wurde. Heute lebt der schwarze Mann in vielen Gegenden nur noch als Pflaumentoffel und Zwetschgen-Krampus weiter.

Luciatag – Heilige mit Lichterkranz

Lucia, die Heilige mit dem Lichterkranz, wird in unseren Breiten nur noch selten gefeiert. Dabei brachte sie im Mittelalter, als es weder das Christkind noch den Weihnachtsmann gab, den Mädchen die Gaben, während die Buben ihre Geschenke vom Nikolaus erhielten. Lucias Festtag fällt auf den 13. Dezember und steht mit dem Licht im Zusammenhang, was auch ihr Name verspricht. Er bildete sich aus dem lateinischen *lux*, das Licht bedeutet.

Vor der Kalenderreform durch Papst Gregor im Jahr 1582 war der Tag der heiligen Lucia der kürzeste im Jahr und somit Sonnenwende. Daraus entwickelte sich ein reichhaltiges Brauchtum rund um das Licht. Vorchristliche Kulturen zündeten wie bei der Sommersonnenwende Feuer an. Man versuchte Erkenntnisse über die Zukunft zu gewinnen und pflegte Los- und Schenkbräuche. Während nächtlicher Umzüge trat die personifizierte Lucia entweder als hässliches oder als lichthaftes Wesen auf und erschreckte oder beschenkte die Kinder. Die verzerrten und hexenähnlichen Gestalten finden sich später in den Perchten der Alpenländer wieder, die helle gute Frau mit dem weißen Gewand im Christkind.

In einigen Gegenden erhielt sich der in Schweden übliche Brauch der Licht tragenden Lucienbraut und erfährt neuen Anklang. In Schweden weckt seit Ende des 18. Jahrhunderts das älteste oder jüngste Mädchen der Familie die Eltern mit einem Lichterkranz auf dem Kopf, angetan mit einem langen weißen Gewand und roter Schärpe. Es bringt der Familie das typische Gebäck, die Lussekatts (Luciakatzen). Der Brauch ist auch in den Ablauf der Verleihung des Nobelpreises eingebunden: Lucia weckt die Nobelpreisträger im Hotel, die jährlich am 10. Dezember den Preis in Schweden in Empfang nehmen.

> ***„Lucia, entgegen allem rauen Walten …“***
>
> Dante, Göttliche Komödie

> ***„An Barnabas die Sonne weicht, an Lucia wieder her sie schleicht.“***
>
> Bauernregel

Der Lichterkranz auf dem Kopf lässt an einen Heiligenschein denken. In der Legende entstand er aber dadurch, dass sich die heilige Lucia einen Kranz aus Kerzen auf den Kopf setzte, um die Hände frei zu haben, wenn sie in der Dunkelheit den Menschen Speisen brachte, vermutlich anderen Christen, die sich versteckt hielten.

Die historische Lucia lebte als reiche Sizilianerin und barmherzige Christin in Syrakus und starb als Märtyrerin vermutlich unter Kaiser Diokletian im Jahre 310. Zahlreiche Geschichten erzählen von ihrem Leben und ihren Taten: Als Kind aus reichem Hause sollte sie gut verheiratet werden, weigerte sich aber als Christin, da sie ewige Jungfräulichkeit geschworen hatte. Mit ihrem Erbe errichtete sie eine Armen- und Krankenstation. Ihr abgewiesener Verlobter zeigte sie daraufhin aus Rachsucht als Christin bei der Obrigkeit an. Lucia musste Folter und Marter über sich ergehen lassen, blieb

Das Vocalensemble Landsberg bei einem vorweihnachtlichen Liederabend, inspiriert vom Lucienbrauchtum aus Schweden, bei dem Lucia einen Kranz aus Lichtern auf dem Kopf trägt und weiß gewandete Helferinnen ihr zur Seite stehen.

dabei aber unbeschadet. Schließlich wurde sie enthauptet und in den Katakomben in Syrakus bestattet. Reliquien werden sowohl in Venedig als auch in Metz verehrt. In der katholischen Kirche ist sie Patronin der Armen und Blinden, der kranken Kinder, Bauern, Weber, Näherinnen sowie der Notare und Anwälte. Hier ist Lucia bei der Namenswahl weiterhin sehr beliebt.

Zwölf Nächte – Von Perchten und wilden Horden

Die Zwölf Nächte zwischen Weihnachten (25. Dezember) und dem Dreikönigsfest (6. Dezember) sind im Volksglauben mit Spuk und Geistern erfüllt. Schuld daran ist der Jahreswechsel, der als Hauptzeit für Zauberei und Geisteroffensive gilt. In diesen Nächten zwischen den Jahren, den sogenannten Scheide- oder Raunächten, kehren die Seelen Verstorbener zurück und machen die Zukunft sichtbar. Auch ziehen Geister in wilden Horden von Ort zu Ort, um alles durcheinanderzubringen, was nicht niet- und nagelfest ist – ein Brauch, der an die erste Mainacht erinnert.

Die Perchten veranstalten ihre wilden Läufe in den südlichen deutschsprachigen Regionen. Die schiache *(hässliche) Percht mit verzerrten Masken geht vermutlich auf Rügebräuche zurück.*

Wie in allen besonderen Nächten des Jahres ist der Übergang vom Geister- zum Menschenreich auch in den Zwölf Nächten für die bösen Mächte leicht zu vollziehen. Und nur zwei Dinge können der traditionellen Vorstellung nach die ungebetenen Geister vertreiben – Lärm und Weihrauch.

Da der Jahresbeginn in der Geschichte zwischen dem 25. Dezember, dem 1. oder dem 6. Januar wechselte und sich das Sonnen- gegenüber dem Mondjahr um 11 Tage unterscheidet (Mondjahr = 354 Tage, Sonnenjahr = 365 Tage), entstand im Sprachgebrauch eine treffende Bezeichnung für die unklaren Tage: Sie wurden als „Zeit zwischen den Jahren“ bekannt.

In den Alpenregionen treten die Perchten auf. Sie treiben als hässliche wilde Gestalten in dieser Zeit ihr Unwesen. Als Perchtenläufer mit grotesken Masken ziehen sie in Oberbayern und im Salzburger Land in wilden Jagden durch die Straßen, um mit Schellen und Peitschen die bösen Geister zu vertreiben, die bei dem Anblick der dämonischen Larven und vor dem Lärm flüchten sollen. Jedes Jahr bieten sie den zahlreich erschienenen Touristen ein buntes Spektakel.

Zurückgehen soll der Brauch auch auf alte Rituale im Alpenraum, die aus dem langen Zusammenleben von Mensch und Tier erwachsen sind. Eine Rolle spielte dabei die *Percht*, eine der großen Muttergöttinnen, die vor der Christianisierung verehrt wurde und eine dunkle wie eine helle Seite hatte, die sich in den guten und in den Furcht einflößenden Perchten wiederfindet. Im Volksglauben ziehen die wilden Horden unter Leitung der Frau Perchta oder sogar des „Wilden Jägers", einer Verkörperung des germanischen Gottes Odin an der Spitze der Geisterhorde, mit lautem Brausen durch die Nächte.

Nach anderen Erklärungen gehen die Perchtenläufe und Klausentreiben (Nikolaus) auf sogenannte Rügebräuche zurück. Verstieß ein Mensch gegen bestimmte Regeln im Dorf, bekam er dies durch Spott und Bloßstellung zu spüren. Die Zeit zwischen den Jahren eignete sich besonders dafür, da hier die Geister und Dämonen mithalfen. Ihnen zur Seite standen die vermummten Perchten mit den vogelartigen Masken, die nicht nur den Sündenbock lächerlich machen konnten, sondern auch körperliche Selbstjustiz mit Prügel und Schlägen ausübten. Noch heute finden sich während der Perchtenläufe kaum Einheimische auf der Straße, und die Touristen sind hinter Absperrungen untergebracht, wenn die wilden Horden durch die Straßen toben.

Genau zwölf Nächte sind es zwischen Christi Menschwerdung am 25. Dezember bis zum Fest der Erscheinung am 6. Januar, weshalb die Zwölf Nächte meist erst an Weihnachten beginnen, mancherorts allerdings bereits an Lucia (13. Dezember) oder in der längsten Nacht des Jahres, der Wintersonnenwende am 21. Dezember. In dieser Zeit wurden nach christlichem Verständnis seit dem

Mittelalter Arbeit und Gerichtsbarkeit ausgesetzt und der Mensch zur Einkehr aufgerufen. Dazu traten die *schiachen* (hässlichen) Perchten auf, die hier als personifizierte Laster interpretiert wurden und den Menschen ihre Übel vor Augen halten sollten.

Der Name der Perchten leitet sich hiernach aus dem griechisch-lateinischen Begriff der Epiphanie her. Das Wort selbst bedeutet *Erscheinung eines Gottes* und war bereits im Römischen Reich üblich. Im Christentum wird mit Epiphanias das Fest am 6. Januar bezeichnet, an dem die Zwölf Nächte mit der letzten Nacht, der Perchtnacht, enden. In der ersten, der mittleren und der letzten Nacht werden mancherorts bis heute die Stallungen, aber auch Rathäuser mit Weihrauch ausgeräuchert, der auf dem Altar entzündet werden muss, um die bösen Mächte fernzuhalten. Aus diesem Ausräuchern entstand der Name „Raunächte" (Rauchnächte).

Bereits die germanischen Priester und Druiden sollen zur Zeit der Wintersonnenwende ähnliche Weihehandlungen vorgenommen haben.

Auch als „Sperrnächte" sind die Nächte zwischen den Jahren bekannt. Die Bezeichnung geht auf die Absperrung zurück, mit der früher Gehöfte mittels starker Hanfseile abgesperrt wurden. Die jungen Burschen des Dorfes bewachten dann mit lautem Peitschenknallen die Anwesen, um sie vor Gesindel und den umtriebigen Geistern zu schützen. Die Bäuerinnen unterließen jede Arbeit, die Unfrieden stiften konnte, vor allem Wäsche waschen oder Brot backen. In manchen Gegenden stellten sie Speisen vor die Tür, um die dunklen Mächte gnädig zu stimmen.

Auch im Norden treiben vermummte Gestalten Unfug. Bei den Julbock-Umzügen mit der aus Stroh gestalteten Bocksgestalt oder dem Thomsen verkleiden sich Burschen mit Fell und Hörnern und ziehen durch die Nacht, um Schläge auszuteilen oder Unsinn anzurichten.

Altnordisches Julfest

Das heiligste Fest des Jahres war in den vorchristlichen nordischen Kulturen die Feier der Sonnenwende, auch Julfest genannt. Es lag in den zwölf heiligen Nächten und wurde mit „einem mächtigen Opferfeuer zwischen den Eichenwipfeln des Heiligen Haines" abgehalten. Wie beim Weihnachtsfest stand das Licht im Mittelpunkt. Eine Darstellung aus dem 19. Jahrhundert, in der sich Vorstellung und Brauchtum mischen, beschreibt es folgendermaßen:

„Man beging das Fest der Wintersonnenwende auf das feierlichste, und den Göttern wurden umfangreiche Opfer gebracht. Es begann bei den alten Skandinaviern und vermutlich auch Germanen mit dem Höggunott, *der Hieb-, Schlacht- und Opfernacht am 21. oder 22. Dezember und dauerte drei Nächte, während im Lande der dreiwöchentliche Julfriede herrschte, in dem* ‚all Fehd' ein Ende hatte' *und sogar den Gefangenen die*

Ketten abgenommen wurden. [...] Tausendjährige Baumriesen umstanden Ehrfurcht gebietend sagenumwoben den Opferplatz in feierlichem Kreise. Geschmückt waren diese vor allem mit den bleichen Schädeln geopferter Rosse. Neben ihnen hingen Trophäen, alte Steinwaffen, ebenso erbeutetes römisches Rüstzeug. Auch Zauberrunen mögen wohl eingeschnitten gewesen sein. Zwischen den Stämmen erhoben sich riesenhafte Hünensteine, daneben säulenartig aufgerichtete Riesensteine. Von Götterbildern oder bildlichen Zeichen ist uns namentlich aus früherer Zeit nichts Bestimmtes überliefert worden. Doch werden wohl den Göttern geweihte Tiergestalten wie der Wolf des Woutan oder der Eber des Freyr den Heiligen Hain geschmückt haben. Nachbildungen, welche später von den Geschlechtern als Insignien gewählt wurden, dienten der Grundlage unserer Wappenbilder.

Unter den Opfertieren stand in erster Linie das Pferd, welches heilige Verehrung genoss. Das Opfer fand in einer Weise statt, dass das dampfende Blut in einer Grube aufgefangen wurde, worauf man damit Geräte, Waffen und Teilnehmer selbst bespritzte. Der Kopf des Pferdes wurde dann an den Bäumen des Heiligen Haines aufgehangen."

Klausentreiben in Oberstdorf. *Noch vor 60 Jahren traute sich niemand auf die Straße, wenn die Klausen durch die Ortschaft fegten. Heute sind die 80 Klausen nur wenig friedlicher. Die ledigen einheimischen Burschen der Gegend sind mit Masken und Tierfellen als wilde Klausen unterwegs. Nachdem sie die Dämonen aus den Gassen vertrieben haben, kehren sie in die Häuser ein. Werden sie eingelassen, ermahnen sie die Kinder und verlassen selten das Haus, ohne etwas getrunken zu haben.*

Heiligabend und Weihnachten – Lichter, Lieder und Geschenke

Weihnachten ist heute das bekannteste Fest im Jahr. Es ist in Europa weit verbreitet und wird von jeder Familie mit christlichen Wurzeln gefeiert. Im Mittelpunkt steht ursprünglich die Geburt Christi am 25. Dezember, auf die eine vorausgehende vierwöchige Adventszeit und der Heilige Abend hinführen. Heute hat Weihnachten in den meisten Familien seine christliche Bedeutung verloren, es bleiben aber die Werte der Barmherzigkeit und Nächstenliebe, die dem Familienfest seinen Sinn geben.

Jesu genaues Geburtsdatum ist unbekannt. Ab dem 3. Jahrhundert gedachten die Christen in Rom mit einer Feier, die sie auf den 6. Januar (Epiphanias) legten, der Geburt ihres Religionsstifters. Am 25. Dezember fanden zu dieser Zeit in Rom die „Saturnalien" statt, die Feiern zu Ehren des unbesiegbaren Sonnengottes Saturn, in Ägypten die Festlichkeiten zur Geburt des Horus, in Vorderasien wurde der Lichtgott Mithra geehrt und im Norden das Julfest (Zwölf Nächte) abgehalten. Ursache für die Lichtfeste war die Wintersonnenwende, die damals auf dem 25. Dezember lag. Im Volksglauben gewann die Sonne gegenüber den dunklen Mächten, die zu dieser Zeit besonders aktiv waren, an Kraft. Allerhand Abwehrzauber und Orakel entstanden. Um den abergläubischen und andersreligiösen Kulten zu begegnen, legte die Kirche das christliche Geburtsfest auf den 25. Dezember. Der Tag der Wintersonnenwende mit den damit verbundenen nordischen Feuerbräuchen zum Julfest wurde in das in Christus angebrochene Weltenlicht, das wahre Licht, umgedeutet. Der Name „Weihnacht" (*ze den wihen nahten* – zu den heiligen Nächten) geht auf die geweihten Nächte zurück, die „Raunächte", in denen vom 25. Dezember bis zum 6. Januar mit reichlich Weihrauch böse Geister ausgeräuchert wurden, was auch heute noch praktiziert wird. Weihnacht bezeichnet nun die geweihte Nacht, in der Jesus Christus das Licht der Welt erblickte. Papst Liberius legte den Geburtstag im Jahre 354 verbindlich auf den 25. Dezember. Im deutschen Raum wird Weihnachten seit dem 9. Jahrhundert gefeiert. Mit ihm begann bis zur Einführung des gregorianischen Kalenders im 16. Jahrhundert auch das Kalenderjahr.

> ***„Und sie gebar ihren ersten Sohn und wickelte ihn in Windeln und legte ihn in eine Krippe; denn sie hatten sonst keinen Raum in der Herberge."***
>
> Lukas 2, 7

Das Weihnachtsfest fand in der Kirche statt. Hier stand die Krippe, spielte sich die Liturgie ab, erklangen die ersten Weihnachtsgesänge. Ab dem 16. Jahrhundert erhielten auch die Profanbauten weihnachtlichen Schmuck aus grünen Zweigen. Wenig später folgten der Weihnachtsbaum und die Kinderbescherung im evangelischen Raum. Ab dem 19. Jahrhundert

verlagerte sich das Fest aus der Kirche zunehmend in das bürgerliche Heim und wurde mit Gabenverteilung, Weihnachtsbaum und Festessen zum familiären Ereignis. Heute gehen zwar noch zahlreiche Familien am Heiligen Abend zur Vesper (Christmette) in die Kirche, das Fest selbst wird aber zu Hause gefeiert. Über die Jahre entwickelte jede Familie einen eigenen Ablauf mit ritualisierten Formen, deren Inhalt sich vielfach vom religiösen Bezug abkoppelte.

Christkindchen ist da! Das bürgerliche Weihnachtsfest. Stich nach einer Zeichnung von I. R. Wele, Ende des 19. Jahrhunderts.

Der Heilige Abend

Der Abend vor dem Weihnachtsfest, der Heilige Abend, trat im deutschen Raum etwa seit dem 14. Jahrhundert zunehmend in den Vordergrund. Da Christus in der Nacht geboren worden sein soll, fanden die ersten Christvespern um Mitternacht statt.

Traditionell wird hierzulande am Heiligabend beschert. Die Geschenke liegen unter dem festlich geschmückten Weihnachtsbaum oder auf einem Gabentisch.

Heute werden die Gottesdienste meistens am Nachmittag und Abend des 24. Dezember mit Krippenspiel gefeiert. Traditionell erfolgt anschließend zu Hause die Bescherung. Bis zur Reformation brachte der heilige Nikolaus die Gaben. Luther lehnte die Heiligenverehrung ab, weshalb im lutherischen Haushalt ab Mitte des 16. Jahrhunderts nicht mehr Nikolaus, sondern der Heilige Christ die Geschenke hintrug. Das Datum verschob sich mit der Zeit näher an Weihnachten, wo die Bescherung heute eine wichtige Rolle des Festes spielt. Das Schenken selbst geht nach christlichem Glauben auf Gott zurück, der seinen Sohn Jesus der Menschheit schenkte. Zur Geburt brachten die drei Weisen kostbare Gaben mit, nämlich Weihrauch, Myrrhe und Gold. Im gegenseitigen Beschenken lebt der christliche Gedanke weiter.

Vermutlich spielt aber auch der Brauch hinein, dass an den römischen Saturnalien die Sklaven beschenkt wurden. In Germanien bedachte die Herrschaft zur selben Zeit ihre Mägde und Knechte mit Gaben, um sie für ein weiteres Jahr zu binden. Im Weihnachtskreis wurden zunächst die Kinder beschenkt, erst seit dem 20. Jahrhundert bedenken sich auch die Erwachsenen gegenseitig mit Präsenten.

Festessen

Die Adventszeit war ursprünglich wie vor den Hochfesten der Christenheit als Fastenzeit angelegt, die

die Menschen zur Besinnung führen sollte. Das Essen am Heiligen Abend lag noch in der Fastenzeit und durfte nicht üppig ausfallen. Das schlägt sich bis heute darin nieder, einfache Gerichte wie Kartoffelsalat und Würstchen oder Fisch (Karpfen) zu essen. Die Mitternachtsmette beendete die Fastenzeit, weshalb das Festmahl an den Weihnachtstagen durch reichlich Braten und Fleisch bestimmt wird. Dazu gehört auch die Weihnachtsgans, die über England, wo sie als Festbraten ab dem 16. Jahrhundert populär wurde, nach Deutschland vordrang. Hier vermischte sich der Brauch mit dem der Martinsgans, die am Martinstag (11. November) auf den Tisch kommt.

Der Weihnachtsbaum

Das Errichten von Bäumen ist in zahlreichen Kulturen und Bräuchen üblich, um wichtige Punkte zu kennzeichnen. Entsprechende Ebenbilder finden sich im Mai- und Pfingstbaum, ebenso wie im Aufstellen bestimmter Säulen, Obeliske oder Pfähle als Zeitanzeiger und rituelle (Macht-)Symbole oder mit sozialer Funktion.

Das Immergrün verdeutlichte nicht nur das Leben, sondern half im Volksglauben Dämonen und böse Geister zu vertreiben. Um den Jahreswechsel und den Beginn des Winters mit der Wintersonnenwende war es üblich, das Haus mit immergrünen Zweigen,

Die farbigen Weihnachtskugeln gehen vermutlich auf die Paradiesspiele zurück, die den biblischen Sündenfall erzählten. In Goldpapier gewickelte Äpfel symbolisierten dabei die Früchte der Erkenntnis, von denen Adam und Eva aßen.

später mit Bäumen zu schmücken, den Weihnachtsmaien. Die Menschen versorgten sich eigenhändig mit Bäumen, denen sie segensreiche abergläubische Kräfte zusprachen, sodass manche Gemeinden verbieten mussten, mehr als einen Baum zu schlagen. In waldarmen Gebieten hielt die Weihnachtspyramide Einzug, ein mehrstöckiges, nach oben verjüngtes und mit Lichtern bestücktes Gebilde, das den weihnachtlichen Lichterbaum ersetzte.

Die Sitte, den Baum mit roten oder goldfarben umwickelten Äpfeln zu schmücken, soll an die biblische Geschichte von Adam und Eva erinnern, die nach christlicher Auffassung von einem Baum verbotene Früchte der Erkenntnis pflückten und damit die Sünde in die Welt brachten. In einigen Gegenden soll vor dem Krippenspiel das sogenannte Paradiesspiel gezeigt worden sein, das den Sündenfall vor der Geburtsgeschichte erzählte. Später wurde der Baum auch mit Süßigkeiten geschmückt, die bis zum Ende der Weihnachtszeit nicht angerührt und erst am 6. Januar von den Kindern abgenommen werden durften. Vorerst wurde der Weihnachtsbaum das christliche Symbol der Protestanten, so wie es für die Katholiken die Krippe war. In die Wohnzimmer evangelischer Familien hielt er endgültig ab dem 17./18. Jahrhundert, in die der katholischen Häuser ab dem 19. Jahrhundert Einzug. Die Sitte, einen Tisch mit Geschenken zu bereiten oder diese unter den Weihnachtsbaum zu legen, entwickelte sich ab dem 17. Jahrhundert aus den Gaben, die der Nikolaus brachte. Von Europa kam der Weihnachtsbaum im 18. Jahrhundert mit den Auswanderern nach Amerika, innerhalb von Europa verbreitete er sich durch die Verstrickung der Königshäuser auch in Österreich, England und Frankreich.

Die Krippe

Die erste Krippe soll 1223 in der Kirche des heiligen Franziskus gestanden haben. Ein aus Wachs geformtes Jesuskind lag in einer echten Futterkrippe, umsäumt von den Tieren aus der Ortschaft. Die Gläubigen betrachteten dieses Schauspiel wie einst die Hirten. Daraus entstand die Tradition, Krippen in Kirchen und später in den christlichen Familien aufzustellen und

Die Krippe mit den geschnitzten Holzfiguren ist noch vor dem Weihnachtsbaum das ältere weihnachtliche Symbol. Die ersten Krippen entstanden in Italien und verbreiteten sich bis Oberbayern, wo noch heute während der Vorweihnachtszeit in vielen Kirchen eine Krippe steht.

Krippenspiele aufzuführen. Die Jesuiten brachten noch vor 1600 die Krippe als Mittel zur religiösen Unterweisung und zur Andacht nach Süddeutschland. In katholischen Gegenden blieben die Krippen lange das weihnachtliche Symbol schlechthin, bevor der einstmals protestantisch geprägte Weihnachtsbaum populär wurde. Von der Krippenschnitzerei lebten zahlreiche Werkstätten von Oberbayern bis Italien, deren Figurenkrippen die Kunstfertigkeit der Region demonstrierten.

Der Weihnachtsmann

Seine heutige Gestalt im roten Mantel mit weißem Bart geht auf eine Werbefigur für Coca-Cola von 1931 zurück. Seine Schöpfer dichteten dem Gabenbringer einen Schlitten mit sieben Rentieren an. Die ungewöhlichen Zugpferde hatte bereits 1822 der Amerikaner C. C. Moore erfunden, der sie dem Nikolaus in seiner Geschichte „Die Nacht vor Weihnachten" zur Seite stellte. Die Farben Rot und Weiß des Gewandes sind aber nicht nur die Hausfarben von Coca-Cola, sondern sie sind schon bei der Percht zu finden, die als Segens- und Lebensspenderin in der vorchristlichen Zeit

Der Weihnachtsmann verdankt seinen rot-weißen Anzug einer Werbekampagne von Coca-Cola. Seit dem 20. Jahrhundert ist der Gabenbringer in Europa meist in die Hausfarben der Getränke-Marke gekleidet.

im Alpenland verehrt wurde und in einem lichten weißen und roten Gewand auftrat. Ihre dunkle Seite trug Schwarz, womit heute die teuflischen Gesellen bekleidet sind.

Der amerikanische Weihnachtsmann fasste auch in Deutschland Fuß, allerdings ohne Rentiere und Schlitten. Hier kommt er aus dem Walde zu den Kindern, trägt einen Sack mit Geschenken auf dem Rücken und hält eine Reisigrute zum Bestrafen in der Hand. Ab 1800 vereinten sich Knecht Ruprecht und Nikolaus, der Strafende und der Schenkende, zum Weihnachtsmann. Die Coca-Cola-Figur gab ihm sein einheitliches Äußeres mit rotem Mantel, weißem Rauschebart und roter Zipfelmütze. Die Figur des Weihnachtsmannes entwickelte sich aus dem Nikolaus, der als heiliger Kinderbescherer seit dem Mittelalter den Kindern die Gaben brachte. Mit der Reformation wandten sich die Protestanten von der Heiligenverehrung ab und somit auch vom Brauchtum des Nikolaus. In den protestantischen Haushalten brachte nun der Heilige Christ an Weihnachten die Geschenke. Die katholischen Häuser stellten sich dem entgegen und ließen weiterhin Nikolaus als Gabenbringer auftreten. Bis heute erhalten die Kinder in Süddeutschland auch am Nikolaustag große Geschenke, die weit über Nüsse, Mandeln und Äpfel hinausgehen.

Auch die Niederländer beließen es beim Nikolaus, der dort Sinterklaas heißt und als Santa Claus in Amerika populär wurde. In den Hausfarben des Getränke-Konzerns kam er schließlich nach Europa zurück, wo er seitdem die Geschenke bringt.

Silvester und Neujahrstag – Der Sprung ins neue Jahr

„Wie Neujahr – so das ganze Jahr!", heißt es im Volksglauben. Um den Start entsprechend gut vorzubereiten, entwickelte sich der letzte Tag im Jahr zu einem außergewöhnlichen Ereignis. Zu Silvester wird orakelt, gelärmt und gefeiert, damit der Rutsch in das neue Jahr gelingt, die bösen Geister flüchten und das Glück Einzug hält. Wie auch andere Abende vor besonderen Festtagen (Weihnachten, Nikolaus, Allerheiligen) ist Silvester eine heilige Nacht vor einem wichtigen Tag: dem Neujahrstag.

Dabei wird erst seit dem 17. Jahrhundert der letzte Tag des Jahres am 31. Dezember gefeiert. Den Namen Silvester erhielt er zu Ehren des ersten anerkannten Papstes, nachdem der römische Kaiser Konstantin die christliche Kirche im Jahre 313 legitimiert und zur Staatsreligion erklärt hatte. Silvester I. starb am 31. Dezember 335 in Rom, was erklärt, wie Name und Datum zusammenkamen.

Bereits Julius Cäsar legte bei der julianischen Kalenderreform den 31. Dezember als Jahresende fest. Bis dahin galt der 1. März als Jahresanfang, was sich in der Monatsbezeichnung bis heute niederschlägt: September heißt nach dem lateinischen *septem* für

> ***„Silvesternacht düster oder klar, deutet auf ein neues Jahr."***
>
> Bauernregel

Nachts um die zwölfte Stunde. Das Anstoßen und Prosit um Mitternacht soll Glück fürs neue Jahr bringen. Originalzeichnung von R. E. Kepler, Stich aus dem Jahre 1890.

sieben(ter Monat) bis Dezember nach lateinisch *decem* für zehn(ter Monat). Obwohl bereits Cäsar den 1. Januar als Jahresanfang festgelegt hatte, dauerte es noch einige Jahrhunderte, bis sich der Termin einheitlich durchsetzte. In vielen Regionen begann das Jahr mit Ostern (Schuljahr), am 1. Dezember (Kirchenjahr), Weihnachten (25. Dezember) oder am 6. Januar (Epiphanias). Erst mit der Einführung des gregorianischen Kalenders im Jahre 1582, bei der Papst Gregor die Länge des Kalenderjahres der des Sonnenjahres anpasste, setzte sich allmählich der 1. Januar durch, vollständig jedoch erst unter Papst Innocenz XI. gegen Ende des 17. Jahrhunderts.

Damit ging auf den 31. Dezember ein reiches Brauchtum über, ähnlich anderen besonderen Nächten wie der Osternacht und dem Beginn des

Vierblättriger Klee wird zu Silvester in kleine Töpfchen gepflanzt, die mit einem Schornsteinfeger verziert werden.

Frühlings, der Johannisnacht (24. Juni) und der Sommersonnenwende oder der Andreasnacht (30. November) und dem Beginn des Kirchenjahres. In diesen Nächten ist nach dem Volksglauben die Trennwand zwischen der Geister- und der Menschenwelt besonders durchlässig. Die Geister ziehen in wilden Horden zwischen den Jahren und vor allem während der Raunächte (Zwölf Nächte) durch die Lande und treiben allerhand Unfug. Um die Dämonen im alten Jahr zurückzulassen, half nur eines: gehörigen Lärm zu machen. Während dies in alter Zeit mit Peitschenknallen, Trommeln und Schellen geschah, wird heute zum Feuerwerk gegriffen, um die Geisterwelt abzuschrecken, das alte Jahr zu verabschieden und das neue zu begrüßen. Das erste Feuerwerk soll mit der Erfindung des Schießpulvers in China im Jahre 1103 gezündet worden sein, in Europa im Jahr 1379 in Norditalien und in Deutschland 1506 – jedoch nicht zum Jahreswechsel. Heute sind Feuerwerkskörper vor allem in Deutschland sehr beliebt, während in anderen Ländern der Jahreswechsel verhältnismäßig ruhig verläuft. Hierzulande werden für Knallfrösche, Raketen und Böller jedes Jahr Millionen Euro ausgegeben.

Mit Silvester sollen nicht nur die bösen Gespenster vertrieben, sondern auch die guten Geister und das Glück ins neue Jahr geholt werden. Im Volksglauben sorgen dafür zahlreiche Symbole wie Pilze, Hufeisen, Schweine, vierblättriger Klee und Schornsteinfeger aus Marzipan oder als Zierschmuck. Das Hufeisen weist durch seinen Eisengehalt böse Geister und Dämonen ab, Schweine sind empfindsam für alles Übernatürliche und bringen grundsätzlich Glück, Schornsteinfeger tragen den magischen Stoff Ruß am Körper, der vor Dämonen schützt, und den vierblättrigen Klee geben Feen und gute Geister den Menschen zum Schutz in die Hand.

Die beliebteste Speise an Silvester, der Karpfen, soll Reichtum bringen. Eine Schuppe von ihm in die Geldbörse gesteckt, sorgt dafür, dass die Münzen nicht ausgehen, sondern sich vermehren. Wird von den Silvesterspeisen ein Rest bis zum Neujahrstag stehen gelassen, geht das Essen im ganzen Jahr nicht aus.

Und wie in den anderen besonderen Nächten gilt es auch an Silvester das Orakel über die Zukunft zu befragen. Eines der bekanntesten ist das Bleigießen, das ursprünglich in der Andreasnacht durchgeführt wurde, dann

Um Mitternacht wird angestoßen und auf das neue Jahr getrunken (unten). Knallendes Feuerwerk (rechts) soll die bösen Geister verscheuchen.

aber Teil des Silvesterbrauchtums wurde. Heute werden Bleistückchen in einer Schale oder einem Löffel über einer Kerze zum Schmelzen gebracht und in ein Gefäß mit kaltem Wasser gegossen. Aus den entstandenen Formen werden Rückschlüsse über die Zukunft gezogen, wobei beiliegende Anleitungen behilflich sind.

Die Tradition, den Silvesterabend in Gesellschaft zu verbringen, geht auf die Suche nach Schutz in der Gemeinschaft vor bösen Geistern zurück, die in den gefährlichen Nächten angeblich ihr Unwesen trieben. Auch der reichliche Alkoholgenuss zu Mitternacht soll dem Unheil entgegenwirken und das Glück anziehen.

Der Neujahrstag

Mit dem letzten Glockenschlag um Mitternacht beginnt das neue Jahr. In manchen Regionen wird es mit einem beherzten Sprung vom Stuhl begonnen. Anschließend prostet man sich gegenseitig zu und wünscht sich alles Gute. Auch Neujahrskarten sind beliebt, die ältesten stammen aus dem 15. Jahrhundert. Die Ansprache der Staatsoberhäupter ist seit langer Zeit ebenfalls Tradition.

Im Volk war früher die Ansicht verbreitet, dass das neue Jahr genauso ablaufen werde wie der Neujahrstag. Entsprechend waren alle Dinge dieses Tages sehr wichtig, wie z. B. das Essen oder das Verhalten. Manche dieser Bräuche werden bis heute noch praktiziert. So werden am Neujahrstag gern frische Wäsche und Kleider angezogen, Schränke und Schubladen aufgeräumt, wenn möglich Streit vermieden, weil sonst das gesamte Jahr davon bestimmt wird, und viel gegessen, damit das Essen nicht ausgeht, am besten Erbsensuppe, die vor Krankheiten schützen soll, oder Möhren, Fisch oder Weißkraut, die Wohlstand bringen. Man sollte am Neujahrstag auch nicht zu

> *„Neujahrstag still und klar deutet auf ein gutes Jahr.“*
>
> Bauernregel

spät aufstehen, um nicht Gefahr zu laufen, das ganze Jahr über zum Langschläfer zu werden. Wichtig ist ebenso der Blick nach draußen: Wie am Neujahrstag das Wetter ist, so soll das gesamte Jahr werden.

In alten Zeiten setzten sich die Menschen an Neujahr Masken auf, die Ahnen und Götter darstellten, und bereiteten sich rituell mit Waschungen, Orgien und Zeremonien auf das neue Jahr vor. Die Götter erhielten Opfer, um sie gnädig zu stimmen. Es verbreitete sich der Glaube, dass die Seelen am Jahresende auf die Erde zurückkehrten. Prozessionen geleiteten sie zum Dorf hinaus. Dämonen und böse Geister versuchte man mit lärmenden Scharen zu verjagen. Im Mittelalter wurde der Neujahrstag als Narrenfest gefeiert. Mit Masken und Larven trieben Bürger und Priester allerhand Unfug und feierten parodierende Messen. Um dem Einhalt zu gebieten, versuchte die Kirche einen Buß- und Fasttag festzulegen und feierte seit dem gregorianischen Kalender Neujahr als „Fest der Beschneidung des Herrn“, seit der Liturgiereform in der katholischen Kirche als Oktavtag von Weihnachten mit dem Fest „Maria Gottgebärerin“. In der evangelischen Kirche hat Neujahr den Charakter eines Dank- und Bittfestes mit dem nächtlichen Gottesdienst, dem „Altjahrsabend“, der das alte Jahr verabschiedet. Je nach Region begrüßen Posaunenchöre, Neujahrssänger, Sirenen oder Glockengeläut das neue Jahr.

Dreikönigstag/ Epiphanias – Caspar, Melchior und Balthasar

Der Dreikönigstag, das Fest der drei Weisen aus dem Morgenland, heißt offiziell in der christlichen Kirche *Epiphania Domini*, das „Fest der Erscheinung des Herrn“. Es fällt auf den 6. Januar und ist das zweite Hochfest der Weihnachtszeit. Der griechische Begriff *epipháneia* bedeutet Offenbarwerden und bezieht sich auf die Menschwerdung Gottes, der nach christlichem Glauben als Kind in der Welt erschienen ist. Epiphanias preist somit die Göttlichkeit von Jesus Christus.

Schon die Christen im Osten begingen um das Jahr 300 den 6. Januar als Fest der Geburt Jesu und seiner Taufe. Bis heute feiert die orthodoxe Kirche an diesem Tag die Taufe Jesu und die armenische Kirche das Geburtsfest. Im Westen setzte sich der 6. Januar als der Tag der Heiligen Drei Könige durch, die dem Jesuskind ihre Gaben bringen. Die drei Weisen aus dem Morgenland blicken auf eine gewachsene Legende zurück. Im biblischen Evangelium nach Matthäus folgten sie einem Stern, der sie über Jerusalem zum Geburtsort von Jesus führte, wo sie ihre mitgebrachten Geschenke Gold, Weihrauch und Myrrhe dem „neugeborenen König der Juden“ brachten.

Die Heiligen Drei Könige. Stich aus dem Jahre 1889 nach einer Originalzeichnung von Georg Hahn.

In der Bibel sind die Weisen als ungenaue Zahl definiert. Aufgrund der Anzahl der Geschenke legten sich die Kirchenschreiber bald auf drei Reisende und im 3. Jahrhundert auf Könige fest. Im 6. Jahrhundert kamen ihre Namen hinzu, zunächst „Thaddadia, Melchior und Balthasar", ab dem 8. Jahrhundert „Caspar, Melchior und Balthasar". Im Mittelalter wandelten sie sich in die drei Zeitalter des Mannes, später in die Vertreter der drei biblischen Rassen und in der Renaissance zu den Repräsentanten der drei bekannten Kontinente Europa, Afrika und Asien.

Drei Reisende aus dem Morgenland

Wer die drei Weisen tatsächlich waren, ob Sterndeuter, Philosophen oder Zauberer, blieb ungeklärt. Ihr Erscheinen wird bis heute unterschiedlich interpretiert, ebenso der Stern, der ihnen den Weg wies. So können die Magier Anhänger des Zoroastrismus gewesen sein, die ebenfalls auf einen Messias warteten und geschickte Astronomen waren. Ihren Weg leitete das astronomische Zusammentreffen von Jupiter und Saturn im Sternbild Fische. Zwölf Tage nach Jesu Geburt sollen sie in Bethlehem eingetroffen sein, was zur Bestimmung des 6. Januar, 12 Tage nach dem 25. Dezember, als Festtag führte. Sie brachten kostbare Geschenke mit, die symbolische Bedeutungen haben: Gold ist der dem König gebührende Schatz, Weihrauch das hingebungsvolle Opfer und Myrrhe die rein haltende Kraft der Selbstbeherrschung, wobei das Gold die Sterblichkeit, Weihrauch die Göttlichkeit (Opferritus) und Myrrhe den Tod (Einbalsamierung) versinnbildlicht. Jesus erhielt damit die Geschenke eines Königs, eines Gottes und eines Arztes, was auf seinen späteren Lebensweg hindeutet. Die wertvollen Gaben bedurften vermutlich einer langen Vorbereitungszeit und es kann durchaus sein, dass die Magier nicht zwölf Tage, sondern mehr als zwei Jahre für die tausende Kilometer lange Reise benötigten. Kannten die Gelehrten das Alte Testament (die hebräische Bibel), so führte sie ihr Weg vermutlich direkt

Die Sternsinger in Oberstdorf (Allgäu) sind unterwegs.

nach Bethlehem, das als Geburtsort des Messias prophezeit worden war. Das Weihnachtsfest nahm das Opfer der Könige als Brauch auf: Indem sich die Menschen gegenseitig beschenken, erinnern sie an die Gaben der drei Weisen aus dem Morgenland.

Nach der Legende und den Apokryphen kehrten die Weisen nach dem Besuch in Bethlehem in ihre Heimat zurück, ließen sich taufen und später zu Priestern und Bischöfen weihen. Die Mutter Kaiser Konstantins, Kaiserin Helena, die als Pilgerin und Reliquiensammlerin bekannt ist und Palästina bereiste, soll auch die Gebeine der drei Könige gefunden haben. Über Konstantinopel gelangten sie nach Mailand, wo sie Friedrich Barbarossa bei seinem Sieg über die Stadt im Jahre 1162 dem Kölner Erzbischof übergab. 1164 kamen die Reliquien nach Köln, wo sie heute im Dreikönigsschrein liegen. Ihnen zu Ehren begann 1248 der Bau des Kölner Doms, der zu einem wichtigen Pilgerort innerhalb der lateinischen Kirche aufstieg.

Perchten und Spiele

Der 6. Januar markiert auch das Ende der Zwölf Nächte, in denen nach dem Volksglauben Geister, Dämonen und die Perchten durch die Lande fegen. Im Brauchtum finden noch heute in den südlichen Regionen Perchtenläufe statt, die nach einigen Quellen aus heidnischer Vorzeit stammen, anderen Deutungen zufolge einen christlichen Ursprung haben. Der Name der Perchten soll sich hiernach aus dem griechisch-lateinischen Wort *Epiphanie* herleiten. Andererseits wurden den heidnischen Perchtenläufen die Dreikönigsumzüge entgegengesetzt.

Ab dem 11. Jahrhundert kamen die Dreikönigsspiele auf, in denen sich die Handlung um den herrschsüchtigen König Herodes und die drei gläubigen Weisen drehte und die man in die Liturgie einbettete. Später gingen die Magier- oder Herodesspiele in das Weihnachtsspiel ein, das damit die ganze Geschichte erzählte. Ab dem 15. Jahrhundert entstanden Dreikönigsspiele, die aus der Liturgie herausgelöst und außerhalb der Kirche in Mundart stattfanden.

Sternsinger und Segnung

Der Brauch des Sternsingens verbreitete sich in den katholischen Gebieten ab der Gegenreformation. Luther lehnte die Verehrung der drei Könige ab und wollte die Taufe Jesu in den Mittelpunkt stellen. Er tadelte den Kult um die Reliquien, woraufhin die katholische Seite den Dreikönigskult förderte. Sternsinger zogen als Caspar, Melchior und Balthasar verkleidet und mit einem Sternträger von Tür zu Tür, sangen Lieder und boten die Haussegnung an. Dafür erhielten sie kleine Gaben. Später verbreitete sich der Heischebrauch derart, dass das Sternsingen aufgrund der zahlreichen bettelnden Gruppen gegen Ende des 18. Jahrhunderts abgeschafft wurde.

Seit 1958 findet in allen deutschen Bistümern erneut das „Dreikönigssingen" statt, bei dem verkleidete Kinder singend Spenden für wohltätige Zwecke erbitten. Im Gegenzug schreiben sie mit geweihter Kreide die Jahreszahl und die Buchstaben C+M+B auf den Türbalken, was *Christus Mansionem Benedicat* („Christus segne dieses Haus") bedeutet. Die Segnung geht auf den Abwehrzauber im Volksglauben zurück, der früher, vom Hausherrn durchgeführt, böse Geister in der schlimmsten der Raunächte, der Oberstnacht vom 5. zum 6. Januar, fernhalten sollte und in das christliche Brauchtum Eingang fand.

Viele lesen in den drei Buchstaben auch die Namen der Heiligen Drei Könige, die seit dem Mittelalter als Zauber gegen allerlei Unheil angerufen wurden.

> ***„Und sahen ein Kindlein und warfen sich nieder, huldigten ihm, taten ihre Schätze auf und brachten ihm Gold, Weihrauch und Myrrhe."***
>
> Matthäus 2, 11

Persönliche Feiern

Geburtstag – Einmal im Jahr

Wird ein Kind geboren, betritt ein neuer Mensch die Erde. Als Wunder wird dieser Vorgang noch heute bezeichnet, seit jeher mit Hochachtung bedacht und in unserer Zeit mit einer Feier am Jahrestag begangen.

Nach der Geburt meldet der Vater oder die Mutter binnen einer Woche das Kind mit seinem Namen beim Standesamt an. In den nachfolgenden Jahren ist es üblich, den Tag der Geburt zu feiern. Früher erhielt das Kind seinen Namen mit dem Tag der Taufe, die recht schnell nach der Geburt stattzufinden hatte. Der Name setzte sich aus den Vornamen der Taufpaten oder der Eltern und Großeltern zusammen, in den katholischen Gegenden kam noch der Name des Patrons hinzu, der am Geburts- oder Tauftag im Heiligenkalender stand.

Unsere Urahnen kannten den Tag ihrer Geburt nicht, weshalb er auch nicht gefeiert wurde. Zeremonien fanden mancherorts zum Gedenken der Ahnen oder zu Ehren eines übernatürlichen Wesens statt, das bei der Geburt anwesend gewesen sein musste, um die bösen Geister zu vertreiben. Die Geburtstagsfeier als Ehrentag der Person, deren Geburt sich jährt, setzte sich zunächst in den protestantischen Gebieten durch. In den katholischen Regionen blieb lange der Namenstag populär. Da die Säuglingssterblichkeit sehr hoch war, beging die Familie das

Zum Geburtstag gibt es Geschenke und oft auch eine Geburtstagstorte mit so vielen Kerzen, wie Jahre gezählt werden – oder, vor allem bei runden Geburtstagen, mit Kerzen in Form der jeweils erreichten Zahl.

Der Name

Bis ins 12. Jahrhundert war der Rufname der einzige Name eines Menschen. Vor dem Einfluss der christlichen Kultur unterschieden sich die Namen in ihren Teilen durch männliche und weibliche Endungen. Bis ins 8. Jahrhundert waren die germanischen Namen populär, dann kamen die hebräischen Namen aus dem Alten Testament und ab dem 12. Jahrhundert die Namen der christlichen Heiligen auf. Später traten je nach Mode christliche, französische, lateinisierte, nordische oder englische Namen hinzu. Nach dem 12. Jahrhundert genügten die Rufnamen vor allem in den Ballungszentren nicht mehr und es entstand der Beiname, um die Personen unterscheiden zu können. Daraus entwickelte sich der Familienname, der vielfach auf seine Herkunft schließen lässt, denn die Beinamen entstanden aus dem Rufnamen des Vaters, aus dem Ort oder der Wohnstätte, dem Beruf oder besonderen charakterlichen Merkmalen. Heute werden Vornamen bei der Geburt festgelegt. Ändern können sich die Familiennamen nur durch Adoption, Hochzeit, Scheidung und auf Antrag wegen unzumutbarer Anstößig- bzw. Lächerlichkeit.

erste überstandene Jahr mit einer „Jahrfeier". Noch heute ist es in einigen Gegenden üblich, die Verwandten und Paten zu einem größeren Fest an diesem Tag zu laden.

Geschenke und Glückwünsche

Eine Torte, zahlreiche Geschenke und Glückwünsche kennzeichnen heute die Geburtstagsfeier. Entsprechend dem Lebensalter wird die Zeremonie jeweils anders begangen. Runde Geburtstage werden mit Gästen und Festtafel, Reden, Festzeitungen und Spielen gefeiert. Da der Geburtstag im Volksglauben das Tor zu einem neuen Lebensjahr darstellt, entstanden einige Rituale und Regeln, die Glück bringen und orakeln sollen. Als unheilvolles Omen galt und gilt vielerorts, jemandem zu früh zu gratulieren. Der Grund liegt darin, dass die Menschen früher glaubten, dass die bösen Mächte immer auf der Lauer lägen, um Unheil anzurichten. Hören sie demnach einen Wunsch zu früh, setzen sie alles daran, das Ereignis aus Missgunst zu verhindern. Sollte dies doch passiert sein, helfe ein dreimaliges Klopfen auf Holz, woraufhin böse Geister das Weite suchen. Eltern und Geschwister müssen die Glückwünsche aber auch bis zur Mittagsstunde erledigt haben, da später die guten Wünsche nicht mehr wirken. Auch bei Geschenken sind Regeln zu beachten: Geschenke aus Glas zerschneiden die Freundschaft, solche mit einer Nadel, wie bei einer Brosche, zerstechen sie. Ist der Kuchen auf der Kaffeetafel gut geraten, wird auch das nächste Jahr gut. Und Träume, die das Geburtstagskind in der Nacht träumt, so sieht es der Aberglaube, gehen stets in Erfüllung.

Taufe – Aufnahme in die christliche Gemeinschaft

Die Taufe ist das erste der beiden Sakramente in der protestantischen und der sieben in der katholischen Kirche. Mit ihr wird ein Mensch in die christliche Gemeinschaft aufgenommen und ohne sie erhält er nicht die anderen Sakramente. Im Judentum wird damit eine reinigende oder heilende Waschung bezeichnet. Im Althochdeutschen ist mit *taufen* „eintauchen" gemeint. Bereits die Juden tauften zu ihrer Religion Konvertierte, die sogenannten *Proselyten*, die dadurch im Judentum aufgenommen wurden.

Johannes der Täufer bot die Taufe als Bußreinigung an und ermahnte die Menschen, ein neues sündenfreies Leben zu beginnen. Er soll auch Jesus Christus getauft haben. Nach der Bibel kam damit der Heilige Geist „gleichwie eine Taube" zu Jesus herab (Markus 1, 10), als er aus dem Jordan stieg. Nach seinem Tod erschien Christus den Jüngern mit dem Missionsbefehl, alle Menschen auf der Erde zu taufen. Darauf gründet die christliche Kirche ihren Ritus, der dem oder der Getauften die Vergebung der Sünden und die Wiedergeburt für ein neues Leben ermöglichen soll.

Die Taufriten und -inhalte

Jede Konfession vollzieht den geweihten Ritus anders. Da die Taufe als gemeinchristliches Sakrament gilt, kann sie eigentlich von jedem Christen vollzogen werden, der die „wesentliche Form" wahrt und im „rechten Geiste" handelt. Gedacht ist dies für die

Das monumentale Mosaik im Baptisterium von Ravenna zeigt „Sanct Ioannes Baptista" (Johannes der Täufer), der auch Jesu Cousin war und diesen taufte, auf einem Stein stehend im Fluss Jordan. In seiner Hand hält er das Lamm mit der Fahne der Auferstehung als Symbol des Christus. In der anderen Hand hält er eine Fahne mit der Aufschrift „Ecce Agnus Dei". Dies bezieht sich auf die Worte, die Johannes rief, als er Christus sah:

„Siehe, das ist Gottes Lamm."

Johannes 1, 29 und 36

sogenannte Nottaufe, wenn in einem Fall der förmliche Ritus aufgrund äußerer Umstände oder lebensbedrohlicher Zustände nicht möglich ist. In den meisten Fällen führt jedoch der Pfarrer die Zeremonie aus. Da die Taufe nach christlichem Glauben eine seligmachende Gnade verleiht und die Seele dadurch mit neuem und dauerhaftem Leben erfüllt wird, darf sie nur an Ungetauften vollzogen und nicht wiederholt werden.

Während seit dem 3. Jahrhundert der christlichen Zeitrechnung vor allem die Taufe als Glaubensbekenntnis unter Erwachsenen üblich war, hat sich später die Kindstaufe im Säuglingsalter durchgesetzt. Heute ist nicht mehr bekannt, wann der Brauch aufkam, Neugeborene zu taufen, vermutlich entstand er aber aufgrund der hohen Säuglingssterblichkeit. Die schnelle Taufe reinigte nach damaliger Auffassung die Kinder so schnell wie möglich von der Erbsünde und nahm die Seele in die Gemeinschaft der Christen auf, um sie vor dem ewigen Fegefeuer zu retten, was ungetauften Seelen nach ihrem Tod drohte. Selbst Frühgeburten mussten nach den Beschlüssen des Vatikans noch im 17. Jahrhundert obligatorisch getauft werden.

Mit Blumen zur Taufe geschmückter Taufstein.

> ***„... und taufet sie im Namen des Vaters und des Sohnes und des Heiligen Geistes.“***
>
> Matthäus 28, 19

Heute werden Säuglinge in der katholischen Kirche durch Übergießen getauft. Dabei spricht der Pfarrer die Taufformel, die die Erbsünde tilgen soll, die mit Adam und Eva in die Welt kam und letztendlich durch Satan ausgelöst wurde. Die Taufformel soll Satan und die Erbsünde bannen und den rechten Geist im Kinde wachsen lassen. Anschließend wird der Säugling mit Chrisam (ein Salböl aus Olivenöl und wohlriechenden Balsamen) gesalbt, indem der Pfarrer dem Säugling damit das Kreuzzeichen auf die Stirn zeichnet.

Gegenwärtig praktizieren nur noch die Freikirchen wie Baptisten, Mennoniten oder Zeugen Jehovas die Erwachsenentaufe. In der Ostkirche erfolgt die Taufe durch dreimaliges Untertauchen (Immersions- oder Submersions-Taufe), in den evangelischen Kirchen durch Übergießen (Infusions-Taufe), seltener durch Besprengen oder Untertauchen. Nach der evangelischen Lehre ist die Taufe ein Zeichen der Gnade und des

Heils. Kinder werden in Hinblick auf ihren künftigen Glauben und ihre Erziehung getauft.

Das Patenamt

Die Taufe findet am Taufstein statt, einem Gefäß mit Taufwasser. Der Standort des Taufbeckens wechselte in der Geschichte und kann im Kirchenschiff, in einem Seitenraum, neben dem Altar oder auch dem Eingang stehen. Zur christlichen Taufe ist es in allen Kirchen üblich, dass die Kindseltern Taufpaten bestimmen. Dies geht auf die Zeit der Christenverfolgungen zurück, wo Ersatzeltern sich um die ihnen anvertrauten Kinder und deren christliche Erziehung kümmerten, wenn diese verwaisten. Der Begriff *pater spiritualis*, was „geistlicher Vater" heißt, drückt diese Bestimmung aus. Bis ins 19. Jahrhundert standen dem Kind zwei Taufpaten zur Seite, deren beider Namen das Kind während der Taufe erhielt. Ebenso war es üblich, das Kind auf die Namen seiner Eltern und Großeltern zu taufen. In katholischen Gegenden konnte dies mit der Sitte in Widerspruch geraten, dem Kind bei der Taufe den Namen des Heiligen zu geben, auf den der Geburts- oder Tauftag nach dem Heiligenkalender fiel. Heute bestimmen die Eltern zwischen ein und vier Patinnen und Paten, die an der Zeremonie teilnehmen und versprechen, für die christliche Unterweisung des Kindes zu sorgen. Es ist auch gebräuchlich, dass die Patenkinder im Laufe ihres Lebens an allen Festtagen beschenkt werden. Mit der Firmung oder Konfirmation sind die Taufpaten formell gesehen aus ihren Pflichten entlassen.

Konfirmation und Firmung – Eintritt in den Kreis der Erwachsenen

Bestimmte Riten, nach denen Jugendliche in den Kreis der Erwachsenen aufgenommen und als mündig erklärt werden, sind in allen Kulturen und Religionen bekannt. Im Christentum stehen dafür die Konfirmation und die Firmung. Für Konfessionslose besteht die Möglichkeit, die Jugendweihe durchzuführen.

Die Firmung

Die Firmung (lat. *confirmatio*, „Bekräftigung, Bestätigung") ist das zweite Sakrament in der katholischen und der orthodoxen Kirche. Sie wird im Anschluss an die Taufe in der orthodoxen Kirche und zusätzlich nach einem mehrjährigen Firmunterricht den jungen Christinnen und Christen zwischen 12 und 16 Jahren in der katholischen Kirche erteilt. Die Firmung kann von einem speziell dazu bestimmten Priester ausgeführt werden, normalerweise jedoch vom Bischof unter Handauflegung und Salbung (mit Myron oder Chrisam). Nach dem Glauben der katholischen und orthodoxen Christen empfangen die Firmlinge dabei den Heiligen Geist, der sie stärken und ihnen helfen soll, den Glauben zu bewahren und zu verteidigen. Das Öl ersetzt dabei die Rolle des Wassers bei der Taufe und geht aus Einführungsriten von Priestern, Königen und Propheten hervor. Das Auflegen der Hände und Spenden des Heiligen Geistes geht auf eine Geschichte in der Bibel zurück: Als die Apostel Petrus und Johannes predigend durch Samarien zogen, legten sie die Hände auf, damit der Heilige Geist über diejenigen Gläubigen käme, die im Namen Christi getauft worden waren. Das apostolische Handauflegen wurde als Ritual ab dem 3. Jahrhundert üblich, meist jedoch in Verbindung mit der Taufe. Ab dem 16. Jahrhundert trennten dann alle christlichen Konfessionen beide Sakramente voneinander. Seit dem 9. Jahrhundert sind den Firmlingen Firmpaten zur Seite gestellt. Nach dem kirchlichen Zeremoniell erfolgt die familiäre Feier mit Geschenken und Bewirtung.

Die Jugendweihe

Anstelle von Konfirmation und Firmung wird die Jugendweihe als nichtreligiöse und freigeistige Weihehandlung in zahlreichen Bundesländern durchgeführt. Beim „Bund freireligiöser Gemeinden" fand bereits 1859 die erste Jugendweihe statt. Im 20. Jahrhundert übernahmen dann auch andere Verbände und Organisationen das Zeremoniell, das seinen Ursprung in der Zeit der Aufklärung hat. In der DDR ging die Jugendweihe seit 1955 als offizieller Festakt im 8. Schuljahr vonstatten. Nach der deutschen Wiedervereinigung erfreut sich heute die Jugendweihe erneut großer Beliebtheit. Die Interessenvereinigung Jugendweihe e. V. führt die Veranstaltungen durch, bei der die 14- bis 15-Jährigen während einer Feierstunde mit Programm und Ansprachen einzeln und formell in die Reihe der Erwachsenen aufgenommen werden.

Die Konfirmation

Die protestantischen Kirchen schafften die Firmung als Sakrament ab. Der religiöse Grundgedanke wurde seit 1538 mit der Konfirmation (übersetzt „Bekräftigung") fortgeführt. Bei ihr werden die 13- bis 15-jährigen Getauften feierlich in die Gemeinschaft der Kirche als eigenständige Mitglieder aufgenommen. Dabei legen die Konfirmandinnen und Konfirmanden das apostolische Glaubensbekenntnis ab. Unter dem Gebet und dem Handauflegen durch den Ortspfarrer erfolgt die Einsegnung. Vorausgehend absolvierten die jungen Christen einen ein- bis zweijährigen Unterricht sowie Freizeiten oder Gemeindepraktika. Nun dürfen sie am Abendmahl teilnehmen und erhalten bestimmte kirchliche Rechte, wie die Ausübung des Patenamtes. Nach dem kirchlichen Zeremoniell findet meist eine Feier im Familienkreis statt, bei der die Jugendlichen von allen Seiten reichlich beschenkt werden. Ab diesem Zeitpunkt sind die Taufpaten nun der Form nach aus ihrem Amt entlassen.

Das Abendmahl

Mit der Konfirmation nehmen die protestantischen Jugendlichen oftmals zum ersten Mal am Abendmahl teil. Die katholischen Firmlinge erhalten bereits einige Jahre vorher die Erstkommunion.

Die Firmung des Prinzen Boris in der orthodoxen Kathedrale in Sofia (Ende 19. Jahrhundert).

Während dieser Feier nehmen sie das erste Mal an der Eucharistie teil (siehe S. 44, Weißer Sonntag). Bei der Kommunion glaubt die katholische Gemeinde an die lebendige Gegenwart des Erlösers, an die wahrhaftige Teilnahme von Leib und Blut Christi. Dies geschieht durch die Anrufung des Heiligen Geistes, wodurch sich Brot und Wein in Leib und Blut Christi verwandeln und sich die Seele des Gläubigen mit der Barmherzigkeit Gottes vereint. Das Zeremoniell entstand aus der biblischen Überlieferung, nach der Jesus mit seinen Jüngern am Vorabend des Passahfestes in Jerusalem ein Abschiedsmahl, vermutlich ein Passahmahl, eingenommen haben soll. Nach der Bibel sprach Jesus, als er das Brot brach: „*Nehmet, esset, das ist mein Leib.*“ Und über den Wein sagte er: „*Trinket alle daraus. Das ist mein Blut des neuen Testaments.*“ (Matthäus 26, 26–28) Aus diesen Schilderungen entwickelte sich das christliche Abendmahl, das von den großen Kirchen jedoch unterschiedlich interpretiert wird. Die Reformatoren verwarfen die katholische Abendmahlslehre und sahen das in Gemeinschaft gefeierte Gedächtnismahl gleichermaßen als Höhepunkt des Gottesdienstes. Aufgrund der unterschiedlichen theologisch fundierten Auffassungen ist es katholischen Priestern streng untersagt, das Abendmahl gemeinsam mit evangelischen Pfarrern und Christen zu feiern.

> ***„... da legten sie die Hände auf sie, und sie empfingen den Heiligen Geist.“***
>
> Apostelgeschichte 8, 17

Hochzeit – Verliebt, verlobt, verheiratet

Die Trauung gilt als erster Höhepunkt und Beginn des gemeinsamen Lebens eines Paares. Im Volk wird sie mit zahlreichen Bräuchen gefeiert, die von Region zu Region wechseln. Der christlichen und weltlichen Hochzeitsfeier liegen heute die zahlreichen heidnischen Riten zugrunde, die sich über die Jahrhunderte entwickelten.

In der frühen Kirche gab es noch keine verpflichtende christliche Zeremonie. Die Eheschließung musste lediglich dem Bischof angezeigt werden, um Hindernisse einer Verbindung auszuschließen. Als sich im Mittelalter die Lehre vom Ehesakrament herausbildete, erwarb die Kirche das Alleinrecht, die Ehe zu stiften, denn das Sakrament konnte nur ein Priester spenden. Bis heute ist die christliche Ehe in der katholischen Kirche ein Sakrament und darf nicht geschieden werden. Wiedervermählungen nach weltlichen Ehescheidungen gibt es nicht. Die Weigerung stützt sich auf die biblischen Schilderungen, nach denen sich Jesus gegen die Scheidung aussprach mit den Worten: „Was nun Gott zusammengefügt hat, das soll der Mensch nicht trennen.“ (Matthäus 19, 6) Interpretiert wird die Zusammenführung von Mann und Frau zu einem Fleisch auch als Sinnbild für die Vereinigung von Christus und der Kirche. In der christlichen Anschauung steht wenig später die Ehelosigkeit, das Zölibat, über der Ehe. Vermutlich gingen die frühen Kirchenväter von dem baldigen Ende der Welt aus und wollten sich darauf mit Keuschheit vorbereiten. Die Sexualität ist in der katholischen Auffassung bis heute allein in der Ehe und zum Zeugen von Kindern erlaubt.

In der römisch-katholischen Kirche mussten die Brautleute vor der Eheschließung einen Brautunterricht mit dem sogenannten Brautexamen durchlaufen, bei dem über die Pflichten des Ehestandes belehrt und das Brautpaar religiös unterwiesen wurde.

In der evangelischen Kirche gilt die Eheschließung als Segenshandlung und nicht als Sakrament. Die protestantischen Kirchen begründen dies damit, dass sich das Ehesakrament erst im Mittelalter herausbildete und nicht in der Bibel seinen Ursprung findet. Im Gegenzug dogmatisierte die katholische Kirche nach der Reformation das Ehesakrament. Seit 1875 ist die Zivilehe in Deutschland Pflicht. Damit ist es untersagt, eine kirchliche vor der zivilen Trauung auszuführen.

Katholische Ehezwecke:

1. Zeugung
2. Schutz vor Unzucht
3. Wohl des Ehepartners

Protestantische Ehezwecke:

1. Liebe und Gemeinschaft
2. Freude an Sexualität und aneinander
3. Kinder (sofern Gott sie schenkt)

Der Onkel als Brautführer. Die Braut wird mit der Kutsche abgeholt. Sie trägt einen langen Schleier mit Schleppe, die von einem Mädchen gehalten wird. Neben dem Brautführer warten die Blumenstreukinder. Stich aus dem Jahre 1887.

Verlobung, Aufgebot und Polterabend

In früheren Zeiten ging der Vermählung die Verlobung voraus, die vertraglichen Charakter hatte. Dabei schenkten sich die Verlobten das Brautgeschenk, die sogenannte „Treue", als Schmuck oder Goldstück, das auch nach heutigem Gesetz zurückgefordert werden kann, falls keine Hochzeit folgt, weil die Verbindung vorher scheitert. Seit Karl dem Großen mussten während dreier Gottesdienste oder ein bis zwei Wochen vor der Hochzeit die Namen der Brautleute öffentlich bekannt gemacht werden. Der Regent erließ um 800 eine Verordnung, die sicherstellen sollte, dass keine Hindernisse vorlagen oder undurchsichtige verwandtschaftliche Verhältnisse bestanden. Außereheliche Geburten kamen damals recht oft vor, ebenso inzestuöse Verbindungen, die aus Unwissenheit geschlossen wurden und Missgeburten hervorbrachten. Eine öffentliche Bekanntmachung sollte dies verhindern. Auch Luther legte in seinem „Traubüchlein" von 1529 eine öffentliche Ankündigung für die protestantische Eheschließung fest.

Zahlreiche Bräuche aus anderen Ländern, vor allem aus Amerika, von der Musik bis zur Kleiderordnung, nahmen auf die traditionelle Hochzeit bei uns Einfluss.

Vor der Ehe handelten die Familien eine Mitgift aus, die auf einem speziellen Wagen, dem Braut- oder Kammerwagen, zum Haus des Bräutigams gefahren wurde. Zudem lud ein Hochzeitslader die Gäste zum Fest ein. Mit einer Flasche am Stock, die immer wieder aufgefüllt werden musste, ging der Hochzeitslader von Tür zu Tür und sagte einen Vers auf.

Am Vorabend findet bis heute in einigen Gebieten der Polterabend statt, an dem vor der Haustür der Braut Porzellan und Keramik zerschlagen wird. Einerseits geht dies auf den Glauben an einen Abwehrzauber zurück, nach dem Lärm die bösen Geister vertreibt, aber auch auf den Wunsch, dass es in der Ehe keine Scherben geben möge. Gegenstände aus Glas durften jedoch weder zerbrochen noch geschenkt werden, da sie scheinbar ein baldiges Ende der Beziehung heraufbeschwörten. Fegten die Brautleute die Scherben gemeinsam auf, deutete dies auf eine harmonische Lebensgemeinschaft.

Die Wiederkehr des Hochzeitstages

Silberhochzeit (nach 25 Jahren)
goldene Hochzeit (nach 50 Jahren)
diamantene Hochzeit (nach 60 Jahren)
eiserne Hochzeit (nach 65 Jahren)
Gnadenhochzeit (nach 70 Jahren)
Kronjuwelenhochzeit (nach 75 Jahren)

Weitere Hochzeitstage
(je nach Region verschieden):

papierene Hochzeit (nach 1 Jahr)
blecherne Hochzeit (nach 8 Jahren)
hölzerne Hochzeit (je nach Region nach 5 oder 10 Jahren)
Nickelhochzeit (nach 12,5 Jahren)
Aluminiumhochzeit (nach 37,5 Jahren)

Standesamt und Kirche

Mit der standesamtlichen Zivilehe vor der kirchlichen Trauung stehen dem heiratswilligen Paar heute zwei Wege offen – mit oder ohne kirchlichen Segen. Zwar muss heute kein Aufgebot mehr bestellt werden, jedoch bedarf es zahlreicher urkundlich bestätigter Unterlagen, um die Ehe eingehen zu dürfen. Die standesamtliche Trauung dauert in der Regel nur wenige Minuten. Bei ihr werden das Einverständnis und der freie Wille der Brautleute erfragt. Sie endet mit deren Unterzeichnung, gegebenenfalls mit der Bestätigung durch die Trauzeugen und dem Anlegen eines Stammbuchs der Familie. Die protestantische Trauung besteht aus der Eheschließung, die ebenfalls den freien Willen erfragt, und der anschließenden Segnung des Brautpaares für den „heiligen Stand" der Ehe. Der Trauspruch, den sich das Paar erwählt, soll sie durch ihr Leben begleiten. Die katholische Trauung läuft nach einer festen Liturgie mit dem gegenseitigen Geloben von Treue und der Unauflöslichkeit der Ehe, dem Spenden des Sakraments und der sich manchmal anschließenden Eucharistiefeier ab.

Rituale und Regeln

Da eine Ehe früher bis zum Tod bestand, versuchte man mithilfe eines abergläubisch begründeten Regelwerks bei der Hochzeit für glückliche Ehejahre zu sorgen. Dazu gehörte das peinlich genaue Einhalten der symbolischen Riten, die sowohl Festvorbereitungen, das Brautgewand, die Abfolge des Hochzeitsschmauses und auch die Art der Geschenke betrafen. Zahlreiche Handlungen bezogen sich hauptsächlich auf die Braut, die mit der Eheschließung in die Abhängigkeit zum Gatten trat und der möglichst viel Glück auf den Weg mitgegeben werden sollte.

Weiß als Farbe des Brautgewandes steht als Symbol für die Unschuld und das Licht. In anderen Ländern wie Mexiko oder China ist Weiß bis heute die Farbe der Trauer. In unserem Kulturkreis wurde früher auch in Schwarz geheiratet, ebenso konfirmiert, zumal Schwarz angeblich vor bösen Geistern schützte. In weißen Gewändern

traten die Gespenster auf, wie z. B. die ,,weiße Frau", die den Menschen als schlohweiße Leiche den Tod verkündete. Doch die Farbe Weiß galt zudem auch als die wirksamste Schutzfarbe gegen böse Geister. Im christlichen Kulturkreis wurde sie beim Übertritt in einen neuen Lebensabschnitt (Kommunion, Klostereintritt) getragen. Weiße Lebensmittel waren und sind in allen Religionen außerdem die kostbarsten Opfergaben.

Der Schleier sollte die Braut vor dem bösen Blick schützen. Später kam die christliche Entsprechung der Schutzsuche und die Symbolisierung der Jungfräulichkeit hinzu, vor allem bei Schleiern in geschlossener Form. Gegen Mitternacht setzte man der Braut eine Haube auf. Daher stammt der Spruch, dass eine Frau ,,unter die Haube kommt". Das Brautkleid muss nach dem Volksglauben auch heute von eigenem Geld bezahlt sein, sonst kann der Leichtsinn in der Ehe Fuß fassen. Und passt es nicht perfekt, nistet sich der Streit ein. Auch ist es üblich, dass sich die Ausstattung aus mindestens dreierlei Dingen zusammensetzt: aus etwas Neuem, etwas Geliehenem und etwas Geschenktem. Gelingt es der Braut, diese Regel zu befolgen, wird die Magie des Tages diese drei Aspekte in das Leben der Brautleute tragen: Sie werden dann genug Geld für Anschaffungen haben, reichlich beschenkt werden und jederzeit Kredite erhalten.

Der Ehering als Symbol des Kreises und der Unendlichkeit weist auf die unauflösliche Verbindung hin. Dieses Sinnbild war bereits im alten Ägypten bekannt und verbreitet. Später ging es in die christliche Tradition mit ein. In Gold bürgte er für Wohlergehen, in Eisen war er im ärmeren Volk üblich. Da sich am vierten Finger nach der Ansicht der griechischen Ärzte die Liebesader entlangzieht, tragen die Eheleute den Ring dort.

Der Brautstrauß bestand früher vor allem aus Rosmarin und Myrthen, den klassischen Pflanzen zur Geisterabwehr. Die meisten Blumen gelten ganz allgemein als Pflanzen der Liebe, weshalb die Braut sie in den Händen trägt.

Alles, was an diesem Tag geschieht, jeder Moment und jeder Vorfall, hat seine besondere Bedeutung. Das Geschehen wird von früh bis abends interpretiert: Sonne verheißt eine glückliche Ehe, Regen wahlweise Geld- oder Kinderreichtum. Vergisst oder verliert die Hochzeitsgesellschaft etwas, bedeutet dies baldiges Unglück, und begegnet sie einem Trauerzug, soll auf den Hochzeitsschmaus unmittelbar ein Leichenessen folgen. Auch die Geschenke zur Hochzeit galt und gilt es sorgfältig auszuwählen. „Geschenkte Kaffeetassen bringen die Hiebe des Ehemannes", heißt ein Sprichwort. Angeblich verleitet dieses Geschenk die Ehefrau zum Orakeln mit dem Kaffeesatz und weniger zur Hausarbeit, was den Zorn des Ehemanns erweckt. Die Sitte, dass die Frau links neben dem Mann steht und schreitet, geht vermutlich auf heidnische Zeiten zurück, in denen die „Barbaren" eine Frau entführen mussten, wenn sie heiraten wollten. Um sich gegen eventuelle Verfolger zu wehren, hielt der Mann in der rechten Hand sein Schwert und die zukünftige Ehefrau hielt er an der linken Hand. War dies gelungen, trug er sie fort, was sich bis heute in dem Brauch zeigt, die Braut nach der Eheschließung über die Schwelle des gemeinsamen Heimes zu tragen.

Das Hochzeitsauto, mit dem das Paar vom Standesamt oder von der Kirche zur Feier fährt, ist besonders geschmückt und meist ein optisch ausgefallenes Exemplar; beliebt sind Oldtimer, Cabriolets oder auch Kutschen.

Totenbestattung – Abschied nehmen

Aus dem umfriedeten und mit Asylrecht ausgestatteten Platz um die Kirche entstand der Friedhof, der Ort, wo die Toten bestattet werden. Grabmäler mit plastischem Schmuck und Skulpturen erinnern an die Verstorbenen. Auf den Grabsteinen stehen meist Namen, Geburts- und Sterbetag der Verstorbenen.

Stirbt ein Mensch, geht er je nach Glauben und Vorstellung in ein Jenseits, eine andere Welt oder ins Nichts ein. Aus den unterschiedlichen Ansichten entstanden Begräbnisriten, die sich von einer zur anderen Region unterscheiden. In unserem Kulturkreis werden die Toten auf dem Friedhof bestattet, einem eingefriedeten, umschlossenen Raum, der früher die Kirche umgab und auch *Gottesacker* oder *Kirchhof* genannt wurde.

Als der Platz dort nicht mehr ausreichte, entstanden weiter außerhalb neue Friedhöfe. Doch nicht jeder durfte dort beerdigt werden: Selbstmördern, Mördern und sogar unehelich gezeugten Kindern stand die geweihte Erde nicht überall als letzte Ruhestätte zur Verfügung.

Die ersten Christen beerdigten ihre Anverwandten in Erinnerung an Jesu Begräbnis. Sie verwarfen die in der Antike übliche Leichenverbrennung,

außerdem auch deshalb, weil der Körper dem Evangelium zufolge für den Tag des Jüngsten Gerichts unversehrt erhalten bleiben muss. Bis ins 19. Jahrhundert war dann die Erdbestattung üblich, bis die Feuerbestattung durch außerkirchliche Kreise wieder eingeführt wurde, woran die evangelische und katholische Kirche ihre Teilnahme verweigerten. Konfessionslose Trauerredner übernahmen den Ablauf der Zeremonie. Im 20. Jahrhundert hob die evangelische Kirche das Verbot auf, die katholische Kirche nach 1964 (2. Vatikanisches Konzil).

Die christliche Zeremonie selbst wird von einem Geistlichen abgehalten und soll Trost und Hoffnung spenden. Bis zur Reformation stand die Angst vor dem Jüngsten Gericht und die Fürbitte für den Verstorbenen im

Vordergrund, heute der Auferstehungsgedanke. In der katholischen Kirche findet vor oder nach der Beisetzung die heilige Messe (das Requiem) in der Kirche statt. Nach dem Wortgottesdienst in der Friedhofskapelle erfolgt bei beiden Konfessionen die Bestattung im Grab. Die versammelte Trauergemeinde nimmt dort mit Blumen oder symbolisch geworfener Erde (evangelisch) oder gesprengtem Weihwasser (katholisch) Abschied. Bei nichtkonfessionellen Beerdigungen kann die Gestaltung nach dem Willen der Angehörigen mit Reden und Musik frei variiert werden.

> ***„Erde zu Erde“***
> **oder**
> ***„Von der Erde wurdest du genommen, zur Erde kehrst du zurück.“***

Totenmahl, Kleidung und Grablicht

Nach der Bestattung findet sich die Familie zu einem Traueressen zusammen, das meist im Haus abgehalten wird und im ursprünglichen Sinne laut und lärmend vonstatten gehen sollte. Die Menschen glaubten, dass der Lärm die bösen Geister vertreiben würde. Ebenso fegten sie hinterher die Stube gründlich, da sie annahmen, dass sich die Seelen Verstorbener gern im Staub und Kehricht verstecken.

Die schwarze Trauerkleidung geht auf die ebenfalls abergläubische Annahme zurück, die der Farbe Schwarz nachgesagt wurde. Demnach wehrte sie als Schutzfarbe erfolgreich Geister ab. Hinterbliebene trugen bis zu einem Jahr schwarze Kleidung, um sich vor dem Geist des oder der Verstorbenen zu schützen. Schließlich glaubten die Menschen in der Antike, dass sich im Tod Geist und Seele trennen, wobei der Geist noch in der Nähe des Leichnams verweilt, die Seele aber ins Jenseits eingeht. Die Farbe Schwarz wechselte schließlich ihre Funktion und wurde zur Trauerfarbe. Auf einen anderen abergläubischen Ritus geht die Sitte zurück, Toten die Augen zu schließen. Nicht die Ästhetik stand hier im Vordergrund, sondern die Furcht vor dem bösen Blick. Der feste Sarg sollte zudem den Körper einschließen, damit dieser nicht als Untoter zum Spuken wiederkehren konnte. Auch die Leichenwache sorgte dafür, dass der Leichnam sich nicht davonstehlen konnte. Die Rückkehr eines Toten sollte dadurch verhindert werden, dass er mit den Füßen nach vorn aus dem Haus getragen wurde.

Die Kerzen während der Totenwache sollten die lichtscheuen Geister verscheuchen. Heute soll das Grablicht den armen Seelen den Weg weisen, wenn sie einmal im Jahr an Allerseelen aus dem Fegefeuer entlassen werden. Katholiken feiern am Jahrestag des Todes eine heilige Messe für die Verstorbenen, an der Angehörige und Freunde teilnehmen. Am Gedenktag der Toten, Allerseelen, besuchen sie die Gräber. Evangelische Christen gedenken am Totensonntag ihrer Verstorbenen und bedecken vorher die Gräber mit Immergrün.

Christliche Vorstellungen vom Jenseits

Christen definieren das Jenseits als Wohnort Gottes, der Engel und der Verstorbenen. Sie glauben, dass sich nach dem Tod eines Menschen Geist und Körper scheiden. Während der Körper verfällt, wird der Geist in neuer Hülle wiedergeboren. Die Katholiken sind der Ansicht, dass die Geister zunächst im sogenannten Fegefeuer verweilen. Hier büßen sie, um für das ewige Leben geläutert zu werden. Seit dem Konzil von 1439 in Florenz gilt das Fegefeuer als Dogma. Es kann durch einen Ablass der Nachkommen (Messe, Fürbitte, Opfer) verkürzt werden. Nur diejenigen, die an Jesus glauben, leben dann nach dem Tod weiter, während die Gottlosen zu ewiger Qual in der Hölle verdammt sind. Die evangelische und die orthodoxe Kirche lehnen die Vorstellung des Fegefeuers als erfunden ab. Nach ihrem Glauben gehen die Menschen nach dem Tod zu Jesus ins Himmelreich ein.

Register

Kursiv gestellte Seitenzahlen verweisen auf Abbildungen.

Genehmigte Lizenzausgabe
NEUER KAISER VERLAG GmbH
Industriestraße 19
64407 Fränkisch-Crumbach 2017
www.neuer-kaiser-verlag.de

ISBN 978-3-8468-0027-0

Text: Anke Fischer
Layout, Satz und Umschlaggestaltung:
design cat GmbH

Bildnachweis
Steve Allen: 60, 73, 145;
Bildarchiv Mehrdorf: 4, 9, 16-17, 18, 24, 26, 32, 34, 37, 40, 43, 47, 50, 52, 57, 64-65, 68-69, 78, 82-83, 86-87, 89, 90-91, 94, 106-107, 119, 129, 135, 139, 149, 151;
Anke Fischer: 81 o., 157;
Herbert Gruber: 11, 23, 126, 127, 140-141;
Thorsten Jordan: 10, 21, 22, 31 o., 31 u., 33, 38, 39, 66, 67, 100, 101, 110, 113, 118, 146;
Sibylle Seidl-Cesare: 19, 20 u., 45 o., 51, 73, 80, 103, 106 o., 106 u.;
Gerolf Nießner: 72;
Vocalensemble Landsberg: 123;
Stadt Weingarten, Medienwerkstatt: 62 o., 62 u.;
Shutterstock: 2shrimpS 130 / Africa Studio 137 / Alex Andrei 154 / Alexander Hoffmann 133 / Alexander Raths 96 / Atlaspix 155 / Bahadir Yeniceri 35 / bbernard 58 / Bernd Rehorst 42 / Bjoern Wylezich 74, 136 / Carol Christy 158 / Christian Jung 102 / Claudia Paulussen 115 / Eric Fahrner 81 / FooTToo 29, 78, 105 / Ikars 131 / John Kehly 93 / katjen 137 / katjen 2 / Kochneva Tetyana 77 / Leena Robinson 36 / LiliGraphie 117 / melis 20 / Mikhail_Kayl 92 / Milles Studio 133 / misszin 13 / Monkey Business Images 55 / Morphart Creation 95 / Nattavut 54 / Nejdet Duzen 71 / okanakdeniz 132 / Pablo77 102 / Patrick Poendl 82 / Pixeljoy 48 / Podolnaya Elena 84 / Roberto Caucino 75 / Romolo Tavani 98, 112 / Romrodphoto 143 / S.Borisov 116 / sarsmis 15 / 7ynp100 14 / smmartynenko 152 / Sofiaworld 25 / SP-Photo 120 / Victorian Traditions 53 / vKzenon 76 / wavebreakmedia 30 / William Perugini 28 / Wolfilser 7, 108 / Yuganov Konstantin 97, 99
Alle weiteren Fotos von design cat GmbH